企业境外法律风险防范国别指引

（巴　西）

《企业境外法律风险防范国别指引》系列丛书编委会　编

经济科学出版社

图书在版编目（CIP）数据

企业境外法律风险防范国别指引．巴西/《企业境外法律风险防范国别指引》系列丛书编委会编．—北京：经济科学出版社，2013.5

ISBN 978 – 7 – 5141 – 3438 – 4

Ⅰ．①企… Ⅱ．①企… Ⅲ．①企业法 – 研究 – 巴西 Ⅳ．①D912.290.4②D977.722.9

中国版本图书馆 CIP 数据核字（2013）第 107595 号

责任编辑：柳　敏　宋　涛
责任校对：徐领柱
版式设计：代小卫
责任印制：李　鹏

企业境外法律风险防范国别指引（巴西）
《企业境外法律风险防范国别指引》系列丛书编委会　编
经济科学出版社出版、发行　新华书店经销
社址：北京市海淀区阜成路甲 28 号　邮编：100142
总编部电话：010 – 88191217　发行部电话：010 – 88191522
网址：www.esp.com.cn
电子邮件：esp@ esp.com.cn
天猫网店：经济科学出版社旗舰店
网址：http://jjkxcbs.tmall.com
北京汉德鼎印刷有限公司印刷
河北华丰装订厂装订
710×1000　16 开　15 印张　180000 字
2013 年 7 月第 1 版　2013 年 7 月第 1 次印刷
印数：0001—5000 册
ISBN 978 – 7 – 5141 – 3438 – 4　定价：46.00 元
(图书出现印装问题，本社负责调换。电话：010 – 88191502)
(版权所有　翻印必究)

《企业境外法律风险防范国别指引》系列丛书
编委会名单

主　任：黄淑和
副主任：周渝波

委　员：（按姓氏笔画为序）
刘新权　孙才森　孙晓民　张吉星
李　平　陈德林　赵利国　秦玉秀
郭进平　郭俊秀　董学博

本书编写人员：（按姓氏笔画为序）
王　超　肖正国　杜江波　张晓峰
苏　瑜　李　戬　周巧凌　周　昊
陈　明　胡文强　秦　禾　徐　杰

编者按

随着我国企业"走出去"步伐不断加快，企业涉外法律业务大幅增加。掌握运用国际竞争规则和东道国法律、防范境外法律风险，已成为企业提升国际化经营水平的必然要求。近年来，国内一批大企业积极实施海外发展战略，在全球资源配置和参与国际竞争中取得明显成效。这些企业高度重视国际化经营中的法律问题，对东道国相关的法律法规和政策进行了深入细致的研究，不断强化合规管理，并系统总结了运用法律规则开展境外业务、解决复杂问题的经验和做法。为指导我国企业加强境外法律风险防范，加快提升企业国际化经营能力，本系列丛书总结了这些企业在国外开展投资、贸易、工程承包、劳务合作等业务的成功做法、实践经验和典型案例。丛书内容简明适用、资料鲜活生动，是我国企业深入开展境外法律风险防范有益的工具书和辅导材料。

在丛书付印之际，谨向给予丛书编写工作支持和帮助的国务院国资委和有关中央企业的领导、专家及各界朋友表示衷心的感谢。

《企业境外法律风险防范国别指引》
系列丛书编委会
2013 年 7 月 1 日

目　　录

第一章　巴西法律概况 ································· 1
第一节　巴西概况 ··································· 1
第二节　政治体制 ·································· 13
第三节　国内主要部门法体系 ························ 18
第四节　国际法律制度 ······························ 21

第二章　巴西投资法律制度 ··························· 26
第一节　巴西外资政策 ······························ 26
第二节　外资立法体系及外资法基本内容 ·············· 31
第三节　在巴西投资的法律风险与防范 ················ 39
第四节　典型案例 ·································· 42

第三章　巴西贸易法律制度 ··························· 45
第一节　巴西贸易政策 ······························ 45
第二节　巴西对外贸易立法体系及基本内容 ············ 49
第三节　巴西的贸易保护风险 ························ 55
第四节　典型案例 ·································· 60

第四章　巴西矿产能源法律制度 ······················· 62
第一节　巴西矿产资源相关法律内容 ·················· 62
第二节　巴西能源行业基本法律内容 ·················· 69

第三节　在巴西进行矿产能源投资的法律风险与防范……93

第五章　巴西工程承包法律制度……96
第一节　在巴西进行工程承包的方式与业务流程……96
第二节　巴西有关工程承包立法体系及基本内容……100
第三节　在巴西承包工程的法律风险与防范……108
第四节　典型案例……112

第六章　巴西公司组织、知识产权与竞争法律制度……116
第一节　公司组织……116
第二节　知识产权……124
第三节　竞争法……131

第七章　巴西财税金融法律制度……136
第一节　税收制度……136
第二节　金融制度……148
第三节　保险制度……159

第八章　巴西社会管理法律制度……165
第一节　劳工法律……165
第二节　环境保护……173
第三节　土地房产……180

第九章　巴西争议解决法律制度……185
第一节　争议解决概述……185
第二节　诉讼制度……187
第三节　仲裁制度……205
第四节　争议解决的其他国际法……208

目 录

　　第五节　巴西与中国之间司法裁决和仲裁裁决的
　　　　　　承认和执行 ································· 209
　　第六节　典型案例 ···································· 211

第十章　巴西其他法律风险防范提示 ············· 216

参考文献 ··· 225
后记 ·· 227

第一章

巴西法律概况

第一节 巴西概况

一、历史地理

巴西联邦共和国（República Federativa do Brasil）位于南美洲的东部，东濒大西洋，是南美洲国土面积最大的国家，也是仅次于俄罗斯、加拿大、中国和美国的世界第五大国家。国土面积 8 514 000 平方公里，约占南美洲总面积的 46%。除智利和厄瓜多尔外，几乎同所有的南美洲国家（阿根廷、玻利维亚、哥伦比亚、法属圭亚那、圭亚那、巴拉圭、秘鲁、苏里南、乌拉圭、委内瑞拉）接壤。

巴西全境地形分亚马孙平原、巴拉圭盆地、巴西高原和圭亚那高原，其中亚马孙平原占全国面积的 1/3。有亚马孙、巴拉那和圣弗兰西斯科三大河系。亚马孙河全长 6 751 千米，横贯巴西西北部，在巴西流域面积达390万平方公里；巴拉那河系包括巴拉那河和巴拉圭河，流经西南部，多激流和瀑布，有丰富的水力资源；圣弗兰西斯科河系，全长2 900千米，流经干旱的东北部，是该地区主要的灌溉水源。巴西海岸线长7 400多千米。领海宽度为12海里，领海外专属经济区188海里。

巴西大部分地区地处热带，只有最南部地区处于亚热带。亚马孙平原年平均气温27℃~29℃，南部地区年平均气温16℃~19℃，北部属赤道气候。巴西高原属热带草原气候，分旱季、雨季，年平均气温在18℃~28℃。①

由于历史上曾为葡萄牙的殖民地，巴西的官方语言为葡萄牙语。1500年，葡萄牙航海家、舰队司令佩德罗－卡布拉尔率领一支冒险队，从西非海岸南下，打算驶向印度。途中受暴风雨的影响，偏离航线，4月22日在现在巴西巴伊亚州首府萨尔瓦多市附近的海滩登陆，结果，他们发现这是一片"美得让人流泪"的地方，于是竖立了一块刻有葡萄牙王室徽章的十字架，给这块陆地取名为"圣十字架"，并宣布为葡萄牙王国所有。后来，殖民者发现一种本地生长的叫Brazil的红木能提取当时欧洲纺织业所需染料，开始大量砍伐。"巴西"一词逐渐代替了"圣十字架"，沿用至今，并演变成为巴西国名。

从16世纪30年代到1822年，巴西一直是葡萄牙王国的殖民地。1807年，欧洲正处于大革命时期，拿破仑军队攻打里斯本，葡萄牙王室到巴西避难。巴西成为当时葡萄牙王国的中心。1821年，拿破仑失败以后，葡萄牙王国乔奥六世国王返回葡萄牙，他的儿子佩德罗留在巴西做摄政王。在当地贵族、财阀的怂恿和支持下，佩德罗拒不返回里斯本，并于1822年9月7日宣布巴西完全脱离葡萄牙，成立独立的巴西帝国，自立为佩德罗一世。佩德罗一世的儿子佩德罗二世1889年11月15日被推翻，

---

① 参见中华人民共和国驻巴西联邦共和国大使馆经济商务参赞处网站：http://br.mofcom.gov.cn/aarticle/ddgk/zwqihou/200905/20090506245660.html，2012年12月5日。

巴西废除帝制，成立联邦共和国。1891年定国名为巴西合众国。1967年改用现国名。

1930年以前，是巴西历史上的"旧共和时期"。1930～1985年，巴西一直是军人独裁统治时期。1988年，巴西通过了新宪法，1990年费尔南多·梅罗成为第一任民选总统。第二任总统是卡多佐。第三任总统是路易斯·伊纳西奥·卢拉·达席尔瓦，2002年首次当选，2006年10月再次当选。2010年10月31日，执政党劳工党的总统候选人迪尔玛·罗塞夫赢得巴西总统大选，成为巴西历史上首位女总统，于2011年1月1日正式就任巴西总统。

巴西国旗由黄色、绿色和蓝色构成。圆形图案代表南半球的天空，27颗星代表巴西26个州和1个联邦特区。

二、行政区划

巴西是一个联邦共和国，一级行政区划包括26个州（estados）和1个联邦区（distrito federal），州下设市，全国共有5 560多个市，百万以上人口的城市有12个。全国共分为北部、东北部、东南部、中西部和南部五个大的区域。

（一）北部地区

1. 阿克里州（Acre）首府：里奥布朗库。
2. 阿马帕州（Amapá）首府：马卡帕。
3. 亚马孙州（Amazonas）首府：马瑙斯。
4. 帕拉州（Pará）首府：贝伦。
5. 朗多尼亚州（Rodônia）首府：韦柳港。
6. 罗赖马州（Roraima）首府：博阿维斯塔。

7. 托坎廷斯州（Tocantins）首府：帕尔马斯。

（二）东北部地区

1. 阿拉戈斯州（Alagoas）首府：马塞约。
2. 巴伊亚州（Bahia）首府：萨尔瓦多。
3. 塞阿拉州（Ceará）首府：福塔莱萨。
4. 马拉尼昂州（Maranhão）首府：圣路易斯。
5. 帕拉伊巴州（Paraíba）首府：若昂佩索阿。
6. 伯南布哥州（Pernambuco）首府：累西腓北。
7. 皮奥伊州（Piauí）首府：特雷西纳。
8. 北里奥格兰德州（Rio Grande do Norte，又译为北大河州）首府：纳塔尔。
9. 塞尔希培州（Sergipe）首府：阿拉卡茹。

（三）东南部地区

1. 圣埃斯皮里图州（Espírito Santo）首府：维多利亚。
2. 米纳斯吉拉斯州（Minas Gerais）首府：贝洛奥里藏特。
3. 里约热内卢州（Rio de Janeiro）首府：里约热内卢。
4. 圣保罗州（São Paulo）首府：圣保罗。

（四）中西部地区

1. 戈亚斯州（Goiás）首府：戈亚尼亚。
2. 马托格罗索州（Mato Grosso）首府：库亚巴。
3. 南马托格罗索州（Mato Grosso do Sul）首府：大坎普。

（五）南部地区

1. 巴拉那州（Paraná）首府：库里蒂巴。

2. 南里奥格兰德州（Rio Grande do Sul，又译为南大河州）首府：阿雷格里港。

3. 圣卡塔琳娜州（Santa Catarina）首府：弗洛里亚诺波利斯。

联邦区（Distrito Federal）首府：巴西利亚①。

首都为巴西利亚。1834～1959年期间首都曾设在里约热内卢，后为带动内陆地区经济发展，迁都到巴西利亚。

主要城市有巴西利亚、圣保罗、里约热内卢、萨尔瓦多等。其中，圣保罗是巴西最大的城市，是全国工业、经济、金融中心，圣保罗州的股票交易所是南美最大的证券交易所，商品期货交易所交易着巴西全国大部分产品。里约热内卢是世界著名的旅游城市。

三、民族宗教

巴西总人口约为1.9亿，是世界上种族融合最广泛的国家之一，被称为"世界人种博物馆"，也是仅次于中国、印度、美国、印度尼西亚的世界第五大人口国。巴西的大西洋沿岸人口稠密，内陆地区人口较为稀少。种族和文化差异显著。南部居民多有欧洲血统，可溯源到19世纪初来自意大利、德国、波兰、西班牙、乌克兰和葡萄牙等国的移民。而北部和东北部的居民部分是土著，部分具有欧洲或非洲血统。总人口中，白人占53.8%，主要是来自葡萄牙、西班牙、意大利、德国、法国、波兰和阿拉伯国后裔，黑白混血人种占39.1%，黑人占6.2%，印第安人占0.4%，黄种人占0.4%。黄种人多来自日本、朝鲜和中国。目前，巴西有130万日本人后裔，25万华人。印第安人是巴西的土著民族，属于印第安民族的图皮人和阿拉瓦克人，现约有35万人，分属215个族，讲170种不同的语言，生活在国家设立的

---

① 商务部投资促进事务局：《中国对外投资促进国别/地区系列报告》之《投资巴西》，2011年11月，第7页。

561个印第安人保护区内（占地约92.9万平方公里）。亚马孙地区集中了65%的印第安人，其次是中部地区，少数在南部地区。

巴西东南部和东北部地区集中了全国约70%的人口，其中，东南部地区是巴西人口最多的地区，该地区人口约有7 800多万，超过巴西人口总数的40%。该地区拥有巴西3个人口最多的州（圣保罗州、米纳斯吉拉斯州和里约热内卢州）和两个最大的城市（里约热内卢和圣保罗）。在圣保罗州和里约热内卢州的交界地带形成了以圣保罗、里约热内卢为支柱的商业地带，该地区聚集了约23%的巴西人口，成为该国人口密度最大的地区。

从人口结构上看，巴西人口城市化比率很高，城市人口约占巴西全国人口的80%。同时，巴西是一个年轻的国家，年龄在20岁以下的人口占总人口的42%，年龄在65岁以上的只占总人口的8%。

由于历史的原因，巴西是南美洲唯一讲葡萄牙语的国家。各地之间没有明显的地方方言，但不少词汇及表达方式与葡萄牙本土语言已有明显区别。英语是巴西商业社会中用得最广泛的语言。在宗教信仰方面，约73%的居民信奉天主教，13%的居民信奉基督教新教。

巴西的狂欢节世界闻名，每年的2月中下旬在巴西各大城市举行，为期1周，其中以里约热内卢的狂欢节最为著名。狂欢节以盛大的化装花车游行为特色，桑巴舞、饮酒、美食通宵达旦。桑巴舞被称为巴西的"国舞"。足球在巴西是一种广受热爱的运动，也是主流文化。巴西几乎人人都是球迷，每当有重大国内国际比赛时，经常出现万人空巷的场景。

四、经济发展

巴西是"金砖"国家成员。2011年巴西GDP为4.143万亿雷亚尔，约合2.437万亿美元，超过英国成为世界第六大经济体，同时也是拉美国家第一大经济体和美洲大陆的第二大经济体，人均 GDP 近 1.2 万美元，是较发达的资本主义国家。

随着巴西经济的发展，巴西的国际地位不断提升，在全球拥有更多的话语权。罗塞夫总统上任后，继续推行卢拉总统时期的经济政策，进行税收改革，鼓励私营企业加大对大型基础设施项目的投资，以使巴西能够更好地迎接 2014 年世界杯和 2016 年奥运会。

巴西历史上曾经是单一农业经济国家，蔗糖、咖啡等为其主要经济作物。从 20 世纪初开始，巴西推进工业化进程。从 50 年代起，巴西推行"进口替代"经济模式，并依靠大量举借外债获得经济腾飞，其中 1967～1974 年经济年均增长速度超过 10%，创造了"巴西奇迹"，并初步建立起较为完整的工业体系。其后近 20 年，巴西一直为外债和通货膨胀所困扰，经济发展陷于停顿。1994 年 7 月，巴西推出"雷亚尔计划"。1998 年 11 月，巴西从国际货币基金主导的国际援助项目获得了 415 亿美元的贷款，但前提是调整财政政策和经济结构。1999 年初宣布采取浮动汇率制，经济出现了相对稳定增长的时期。

在过去 10 年里，巴西经历了它最长的增长周期。自 2003 年 1 月 1 日卢拉总统上任以来，外界所担忧的财政危机并没有出现。卢拉主张改变使巴西经济陷入恶性循环的新自由主义政策，建立以推动社会发展为核心的发展模式，通过降低利率、税制改革、增加出口、加大基础设施投资等措施恢复经济增长，减少对外资的依赖。他承诺严厉打击腐败现象，大力解决就业、教育、卫生、住房、社会治安和贫富悬殊等社会问题。在外交方面，卢拉主张继续巩固南方共同市场①，在建立美洲自由贸易区谈判中

---

① 1991 年 3 月 26 日于巴拉圭签署的《亚松森条约》，宣布了南方共同市场（MERCOSUR，葡萄牙语为 MERCOSUL）的建立，其目的是在巴西、阿根廷、乌拉圭和巴拉圭建立一个共同市场。委内瑞拉自 2004 年起成为 MERCOSUR 准成员国，它于 2006 年 7 月 4 日签署了《框架协议》，现正等待巴拉圭和巴西的议会批准其以正式成员国的身份加入 MERCOSUR。MERCOSUR 准成员国包括智利与玻利维亚（两国自 1996 年）、秘鲁（自 2003 年）、哥伦比亚和厄瓜多尔（自 2004 年）。通过签署《经济互补协议》，将在 MERCOSUR 和上述各国间建立一个实行特别关税条件的自由贸易区。

坚决捍卫巴西的利益，加强同中国、俄罗斯和印度的经贸关系。2008年国际金融危机对巴西经济产生一定影响。2003~2008年期间，巴西经济平均增长速度达到4.2%，比1998~2002年期间1.7%的平均增速要高很多。从2010年开始的5年期间，巴西经济平均增长速度可望达到5.9%（见表1-1）。

表1-1　　　　　巴西近年来GDP增长情况　　　　　单位：%

年份	1999	2000	2001	2002	2003	2004	2005	2006	2007	2008	2009	2010	2011
增速	0.3	4.3	1.3	2.7	1.1	5.7	3.2	4.0	6.1	5.1	-0.2	7.5	4.1

2007~2008年的金融危机降低了巴西的发展速度，但是也使得联邦政府推出了一系列举措、特别项目和立法变革以刺激经济发展。其中，2007年推出的PAC（加速发展计划Growth Acceleration Plan）就是促进经济发展的一个特别项目，通过它超过5 000亿雷亚尔的投资将被分配到所选定的关键性基础设施项目（包括公路、铁路、发电厂和港口项目）。2010年，联邦政府推出了加速发展计划项目的第二阶段（PAC 2），预计在今后几年总投资将达到1.5万亿雷亚尔（包括PAC计划的5 000亿雷亚尔中尚未投入的部分）。这为私人投资创造了大量的商机，其中绝大多数又与PAC和PAC2的选定项目相关。

目前，巴西正在经历着基础设施建设领域的一次重大飞跃。自2009年向基础设施各相关不同领域投入总计达640亿美元，在未来的10年中，基础设施建设领域投入的资金总量将达1兆美元[①]，届时，巴西将可能成为世界第四大"建设基地"。尤其是承办2014年世界杯和2016年奥运会，将为基础设施建设带来广泛的投资机会。这些契机对于巴西来说既是挑战又是机遇，这将改善巴西主要城市的一般基础设施建设，包

---

① ICA Consultoria, *as made available in revista Exame*，第966号，Editora Abril，2010年4月21日，第27页。

第一章　巴西法律概况

括体育场馆、宾馆和地铁等，也将改变由于过去几年对基础设施建设缺乏投入而带来的不利影响。与此同时，私人资本的投入更加受到人们的欢迎，这也是基础设施建设所必需的。巴西政府根据经济增长水平和国家发展状况制定出一系列经济政策，以便为经济的发展投入充足的、大量的资金。这一举措将大大增加公共特许权和公私合作组织（"PPP"）的数量，并且，外国人和本国私人投资者也将能更广泛地参与到基础性设施建设中去。

能源产业被认为是巴西最先进、最具优势的产业，尤其是在人们意识到能源对经济发展的至关重要的作用后，更是对它的发展给予了前所未有的关注。即使能源产业已经在过去的几年里吸收了大部分的公共投资和个人投资，但其仍具有巨大的潜力，很多项目可望得到进一步的拓展，如乙醇、风力项目和可再生资源等。

交通业也被巴西政府放在了一个很重要的位置。为了夯实巴西的基础设施建设，新的港口、道路和铁路正在规划中，其中包括举世瞩目的连接巴西两个最主要城市（里约热内卢和圣保罗）的高速列车工程。对这些项目的投资对于巴西来说是非常重要的，而对于巴西的真正需求和基础设施建设方面所蕴含的潜力来说，这仅仅是个开始。

此外，巴西的卫生和航空运输行业也亟待发展，因为其与国际水平以及其他基础设施建设领域的水平相比还很落后。

巴西基础设施领域的融资传统上是通过巴西国有银行和机构、多边机构、外资银行、出口信贷机构和主要的私营银行筹资的。在过去，资本市场只是偶尔进入基础设施贸易的融资和再融资领域。如今，由于出台了一些监管和税收措施方面的优惠，资本市场越来越频繁地成为基础设施贸易融资的可行渠道。

巴西拥有南美洲最为完善的产业体系，主要工业部门有钢铁、汽车、造船、采矿、石油、水泥、电力、纺织等、核电、通讯、电子、飞机制造、信息、军工等已跨入世界先进国家的行列。"巴西飞机制造公司"是世界第四大飞机制造公司和巴西第一大出口企业（见表1-2）。

表1-2　　福布斯2011年"全球2000名上市公司"中巴西主要企业排名　　　　单位：亿美元

世界排名	公司	行业	销售收入	净利润	总资产	股票市值
8	Petrobras	石油	1 213	212	3 132	2 388
46	Banco Bradesco	银行	701	60	3 735	633
51	Banco do Brasil	银行	689	71	4 887	485
53	Vale	材料	501	181	1 278	1 625
122	Itausa	银行	664	23.3	426	306
445	Tele Norte Leste	电信	168	8	371	132
551	CSN-Cia Siderurgica	材料	63	15	163	226
579	Usiminas	材料	78	9	189	152
614	Eletrobrás	公用事业	149	1	763	205
671	Cemig	公用事业	67	11	162	109

资料来源：《福布斯》杂志，2011年。

巴西是世界农业生产和出口大国，主要农产品有咖啡、可可、甘蔗、棉花、大豆、稻米、玉米、剑麻、烟草、柑橘等。咖啡产量居世界第一，有"咖啡王国"的美誉，可可、甘蔗、柑橘、大豆、玉米产量均居世界前列。粮食基本自给。畜牧业分布很广，牛、猪、马的存栏总头数居南美之冠。林业主要集中在有"地球之肺"之称的亚马孙原始森林，人工林主要种植桉树，桉树主要用于造纸。畜牧和桉树管理方式基本采用家庭农场形式。

巴西全国经济发展很不平衡，经济中心在东南部和南部地区，北部、中西部地区经济发展落后。从经济总量上看，巴西经济较发达的州是圣保罗州、里约热内卢州和米纳斯吉拉斯州。这3个州都位于东南部地区，约占全部国土面积的11%，总人口约占全国的43%，GDP约占全国的60%，其中，圣保罗州国民生产总值约占巴西全国的20%。

近年来,巴西中产阶级的人数在总人口中的比重明显增加。2011年,中产阶级的人数占全国总人口的52%。[①] 但是,严重的收入分配不均仍然是巴西经济的主要问题。

巴西基础设施建设相对较为滞后,公路、铁路等建设发展相对缓慢,稍偏远的地方公路不能到达,高速公路较少,铁路仅仅为运输矿石、木材等服务,里程也非常短。这对工程服务企业在该国施工作业所需要的支持都产生了一定的负面影响。据介绍,巴西交通基础设施建设相对滞后很大程度上是与其流转税体制有关(详见后文的介绍)。另外,巴西的通讯仍显滞后,其服务不能很好地适应当今现代化建设的需求,城市外的通讯状况较差,办公用的无线网络不发达,对外联系多有不便。在巴西,普通电力供应各州也不尽相同,有的州使用110V,有的使用220V。在夏季,有的州实行夏令时,有的州又不实行夏令时。

五、自然资源

巴西自然资源丰富,矿产、水力和森林在世界上均占重要地位,但开发利用较少。已探明铁矿砂储量650亿吨,为世界之最,产量和出口量也均为世界第一,伊塔比拉露天铁矿是世界储量最大的优质铁矿之一。锰矿储量丰富,是世界四大产锰国之一。铀矿、铝矾土和锡矿储量均很大。森林面积442万平方公里,全国森林覆盖率57%,木材储量658亿立方米,约占南美洲森林总面积的一半,居世界第二位,盛产桃花心木、花梨木及橡胶树等,亚马孙热带雨林是世界最大的原始热带林。水力资源丰富,水电占全国发电总量的92%。

[①] 巴西对中产阶级家庭的定义是家庭月收入在1 064~4 591雷亚尔之间的家庭。

在石油天然气资源方面,巴西目前的石油蕴藏量为140亿桶(见表1-3),已经发现的油气田有近200个,其中40个左右油气田的原始可采储量在1 000万吨油当量以上,最大的是埃波斯盆地的马列姆(Marlim)油田,原始石油可采储量达3.8亿吨。

表1-3　　　　　　　中南美国家石油探明储量表

石油探明储量	1990年年底(10亿桶)	2000年年底(10亿桶)	2009年年底(10亿桶)	2010年年底			储产比
				10亿吨	10亿桶	占世界总量比例(%)	
阿根廷	1.6	3.0	2.5	0.3	2.5	0.2	10.6
巴西	4.5	8.5	12.9	2.0	14.2	1.0	18.3
哥伦比亚	2.0	2.0	1.4	0.3	1.9	0.1	6.5
厄瓜多尔	1.4	4.6	6.3	0.9	6.2	0.4	34.1
秘鲁	0.8	0.9	1.1	0.2	1.2	0.1	21.6
特立尼达和多巴哥	0.6	0.9	0.8	0.1	0.8	0.1	15.6
委内瑞拉	60.1	76.8	211.2	30.4	211.2	15.3	—
其他中南美洲国家	0.6	1.3	1.4	0.2	1.4	0.1	28.9
中南美洲总计	71.5	97.9	237.6	34.3	239.4	17.3	93.9

资料来源:*BP Statistical Review of World Energy June2011*,http://www.bp.com/sectionbodycopy.do?categoryId=7500&contentId=7068481。

巴西的深水石油拥有巨大的蕴藏量。据统计,在全球已发现的深海储量中,巴西、墨西哥湾、安哥拉近海及尼日利亚近海油田的油气储量位居世界前列,尤以巴西为最。2007年年底,巴西石油公司在巴西南部和东南部盆地的盐层下区域发现石油,为巴西石油开创了一个历史性的里程碑。盐层下地区跨越巴西海岸500海里,市场猜测整个盐层下地区的石油蕴藏量,可能多达3 380亿桶,比全球最大的石油生产国沙特阿拉伯蕴藏的2 640亿桶还多。正因为涉及的数字惊人,巴西政府试图修改在油气开发领域的立法，由政府控制国家的油气资源。

巴西是南美洲第二大石油生产国。巴西最大的石油生产地区为里约热内卢州，目前其坎波斯盆地拥有巴西原油总产量的大约82%。位于巴西海上桑托斯盆地的 Carioca 油田拥有 200 米厚的高质量原油储集层。桑托斯盆地盐层下油气田和艾斯品托—桑托盆地发现的大量轻油和气体的开发，将推动巴西的油气产量长期增长。巴西大部分原油生产在海上深水区，主要是重质油。目前巴西销售的一个主要原油品种是马立姆原油（Marlim），其 API 度为 19.6°，硫含量为 0.67%。巴西石油公司控制了巴西原油生产的 95% 以上。从 2006 年开始，巴西基本实现了石油自给。

巴西是拉美最大的石油消费国和进口国。近几年国内石油和天然气的消费市场正在迅速扩大。

巴西深水石油勘探和生产技术位居世界前列，拥有全球最大的生物燃料生产规模，以及中南美洲最大的乙烯生产能力。

为了开发巴西海上盐下层系地区超深水油田，巴西石油在 2014 年前将投资 2 240 亿美元，这将是全球石油工业的最大开支计划。如果巴西石油从 Carioca 油田和其他油田增加产量，巴西石油有可能在 2020 年前达到日产 400 万桶石油的目标。

巴西石油勘探业近年的快速发展，加上近年巴西政治环境相对稳定，这些都为我国企业参与巴西油气资源勘探、开发和石化加工项目提供了难得的机会。

第二节　政　治　体　制[①]

巴西是一个联邦共和国，下设州、市和联邦区。1988 年 10

---

① Bruno Almeida Goncalves, Cintia Han and Marcelo Oliveira Mello, *Brazilian Legal Guide*（巴西法律指引）。

月巴西颁布新宪法，规定了三权分立的总统制：行政、立法机构和司法机构。1993年全民投票通过了总统制共和政体为首选的政体。议会是国家最高权力机构，由参、众两院组成。总统由直接选举产生，16岁以上的公民有选举权。政府分为三级——联邦政府、州和市政府，宪法赋予联邦政府最高行政、立法和司法的权力。26个州和联邦特区都有自己的宪法、州长和议会。

一、行政[①]

政府直接由总统领导。总统和副总统由直接选举产生，任期为4年，可连任1次。

政府的主要职责包括：

1. 批准和通过法律，发布法令及其实施的规则。
2. 提出国家政策计划及负责实施。
3. 签订条约、协定和法案（须经国会批准）。
4. 维护国家安全和公共安全。

在紧急情况下，政府可行使立法机关的职能，通过临时性法规。临时性法规和正式法律一样具有效力，但须经国会核准。国会须在临时性法规公布60天内将其通过成为正式法律，否则临时性法规将会停止生效。

国会可以通过决议授权总统制定法律，决议可以规定国会有权调查被提议的法律议案。

按照法律规定，根据需要，副总统可协助总统行使有关职能。如果总统因不能胜任、遭弹劾或辞职，副总统将会代替总统行使职责。

总统有权任命和撤换部长。各部的职能分为两个方面：一是

---

① PINHEIRO NOTO ADVOGADOS, *Guide to Doing Business in Brazil*《在巴西执业指引（2003年版）》, 2003, P.1。

第一章 巴西法律概况

领导所属部门正常工作;二是对总统提供政策上的相关建议。这些政策由总统制定,他们向总统负责,总统听取部长们的建议,是联邦行政管理的唯一负责人。

政府行使直接行政管理权和间接行政管理权。直接行政管理包括面对各部部长及其办公室、秘书处和各委员会及总统办公室。间接行政管理包括面对各个政府管理机构、国有企业、公私联营企业、联邦基金会和联邦监管机构。

巴西主要政府部门有司法部、外交部、工贸发展部、预算管理部、财政部、卫生部、教育部、农业部、土改特别事务部、矿能部、劳工就业部、文化部、社会福利部、交通部、科技部、体育和旅游部、国防部、邮电部、环境保护部、全国一体化部等。

主要政党有巴西社会民主党、巴西工党、自由阵线党、劳工党等。[①]

二、立法机关

巴西联邦立法由国会负责,国会由参议院(the Senate)和众议院(the Chamber of Deputies)组成。参议院共81个议席,每个州和联邦区各占3席,参议员任期为8年,每4年重选其中的1/3或2/3的议席。众议院共513个席位,代表各自的选民,任期4年,名额按各州人口比例确定。每个州最多可拥有70席(圣保罗州),最少8席。参议员和众议员均由直接选举产生。

立法机关批准下列法案:
1. 宪法修正案。
2. 补充法、普通法律和授权法。
3. 颁布立法法令、决议。

---

① 商务部投资促进事务局:《中国对外投资促进国别/地区系列报告》之《投资巴西》,2011年11月,第9页。

4. 临时性法规。

在被提议的法律议案变成法律之前,须经两院核准并由总统批准。

联邦宪法规定了两院的职责范围,并授权两院按照宪法制定它们自己的组织原则、章程并决定其工作人员人选。联邦宪法还规定国会的职能,规定哪些议案一定要交总统审核,哪些国会自己有权裁定。

两院均设有专门的委员会,其职能是向议会提出他们对特定议案的调查结果的分析报告。众议院有18个常设委员会,参议院有8个常设委员会。此外,需要时可设立临时性委员会(如临时性国会咨询委员会)调查特定的案件。

州和市政府均设有立法分部。

三、司法机关

巴西司法机关包含州司法系统、联邦司法系统和最高法院。

(一)州司法系统

每一个州都有多个地区法院,州司法系统的最高法院称为州法院。州法院处理州辖区内地区法院的上诉案件。

(二)联邦司法系统

巴西全国有5个联邦法院,联邦法院负责处理联邦层级的案件。

(三)最高法院

巴西最高法院由两个法院组成,分别是高等司法法院(Superior Tribunal de Justica，STJ）及联邦最高法院（Supremo Tribunal Federal，STF）。高等司法法院负责处理非宪法类的上诉案件，联邦最高法院仅处理涉及违宪的各类上诉案件。最高法院不审查判决的实质问题，仅审查所适用的法律及宪法。事实与证据由二审法院进行判决。

司法部门的职责是应用法律，维护平等和正义，维护人权。

四、地方政府[①]

（一）州

巴西 26 个州和联邦特区都有自己的宪法、州长和立法机关。

州长（总督）行使州行政管理权力。州长和副州长由直接选举产生，任期 4 年。州的各个部门负责人协助州长行使管理职能。根据各州宪法和法律，不同州的部门领导的数量和权限是不同的。州议会（the State Assembly）行使立法权，州议会由直接选举的州议员组成，议员数量同各州人口数量成比例。

各州负责组建自己的司法部门，由各州的最高法院，即州上诉法院负责。州上诉法院隶属于联邦最高法院和高等司法法院。

（二）市

在巴西，市是组成州的最小自治单位。他们选举出自己的行政首长（市长）、副市长和立法机构的议员（councilors），负责地方的公共服务管理。

---

① Centro de Estudos das Sociedades de Advogados, *Legal Guide for Foreign Investors in Brazil*, 2007《巴西外国投资者法律指引（2007 年版）》, pp. 13 – 14。

市依据州法产生,并在最小人口数量、公共收入和全民公投等方面遵守联邦法律。市长负责市的管理,下设市政府各部门。市设有议会(council),市议会可根据联邦宪法就某些地方事项制定法律。

州法院对市有司法权。

第三节　国内主要部门法体系

一、法律体系

巴西法律体系,尤其是民事法律体系来源于罗马法和日耳曼法,属大陆法系。法国1804年的《拿破仑民法典》和德国1896年的民法典对巴西有很深的影响。巴西近年来的经济管理类法律则主要受美国法律的影响。在巴西的民事法律体系中,法官虽然必须按成文法审理案件,但是,也参考英美法系的一些特点,那就是:"在法律沉默的时候,法官要按照类似、惯例和法律的精神来决定案件"。巴西所采用的法律制度都已经法典化,依据各级管辖权限而分为联邦法律、州法和市法。法院根据现行生效的法律进行审判。如果所审判的案件没有明确法律规定,则根据类似案件、风俗习惯和一般法律原则进行裁定。

巴西是联邦共和制国家,巴西联邦宪法统领巴西法律体系,每个州有其各自的州级宪法及法律组织,参照联邦宪法中的相关部分制定当地法律(见表1-4)。巴西基本法律完备,包括:《巴西民法典》、《巴西商法典》、《巴西刑法典》、《巴西民事诉讼法典》、《巴西刑事诉讼法典》。所有法律不得与巴西的最高法律即联邦宪法相违背。

表1-4　　　　　　　　巴西主要法律渊源

法　　律	渊　　源
宪法	葡萄牙、意大利
民法、商法、公司法	法国
民事诉讼法、刑事诉讼法	德国
劳动法、刑法	意大利
竞争法、保险法、破产法	美国
消费者权益保护法	欧盟

联邦宪法确立了联邦政府、州政府以及市政府的立法权限，避免法律颁发时互相冲突。同时，联邦法律在位阶上要高于州政府和市政府颁布的法律。

联邦政府立法范围：民事、商业、刑事、程序、选举、土地、海事、航空航天、劳动法，及征用、水体、能源、电脑科技、电信、广播、货币制度、外汇、信贷政策、保险、外贸、采矿、国籍等方面。

联邦宪法准许联邦政府、州及联邦特区政府同时对下列事项拥有立法权：税收、金融、经济、监狱、生产及消费、因环境污染或损害消费者责任、教育、社会保障、卫生保护及防范疾病等。在这些领域，联邦政府只颁布一般原则性规范，由各州及联邦特区政府遵照联邦法律的准则制定相关法律细则。

市政府的立法权限制在影响本地利益的事务方面。

二、法律渊源及构架

（一）法律渊源

巴西法律有以下7个法律渊源。

1. 立法：这是法律的主要来源。联邦宪法赋予联邦政府制定法律的权力，诸如刑法、民法、商业法和劳动法。

2. 判例法：指各级法院对法律的解释。判例法最重要的作用是为法庭提供同样的法律和规则的解释。

3. 法律的一般原则：这些原则应用在对现行法律的解释和新法的起草。

4. 类推法：法院对那些不被法律覆盖的情形应用以前的法律解释。

5. 风俗和惯例：这类来源只有在不违背现行法律时才可应用。在任何纠纷中，当事人都可援引风俗和惯例。此项在商业纠纷中使用较多。

6. 衡平法：如果案情不属于任何法律范畴，法院将会应用公平原则。

7. 法律学说：包括法律意见和学术文章。矛盾的是，尽管一些学者的文章被法庭引用，他们也不认为法律学说是一项法律来源。

（二）法律构架

巴西主要法律及生效时间（见表1-5）。

表1-5　　　　巴西主要法律及生效时间

法律	生效时间
宪法	1988年
刑法典	1940年
民法典	2002年
消费者保护法典	1990年
特许经营法	1994年
交易救济补偿法	1994年

续表

法律	生效时间
知识产权法	1996 年
仲裁法	1996 年
招投标法、合同法	1998 年
运动法	1998 年
反托拉斯法、竞争法	2000 年
公司法	2001 年
司法改革法	2004 年
破产法	2005 年
刑事处罚法修正案	2005 年
民事诉讼法修正案	2006 年
刑事诉讼法修正案	2008 年

第四节 国际法律制度

巴西是许多重要国际条约的签约国，包括联合国体系、布雷顿森林体系下的大部分相关条约、关贸总协定以及世界贸易组织协定（WTO）等。在拉丁美洲地区一体化进程中，巴西也发挥着重要作用。巴西是拉美一体化协会（ALADI）和南方共同市场（MERCOSUL）成员国。此外，巴西和许多拉美国家都订立了相关双边关系协定。巴西市场辐射范围主要是南方共同市场国家，其次是与南方共同市场有特殊经贸关系的国家和组织。

一、巴西签署并已经生效的主要经贸协定

1. 拉美一体化协会成员国关税协定：由拉美一体化协会成

员国（阿根廷、玻利维亚、巴西、哥伦比亚、智利、厄瓜多尔、墨西哥、巴拉圭、秘鲁、乌拉圭、委内瑞拉和古巴）签署。根据协定，各国相互提供关税优惠，其中经济发展程度较高的巴西、阿根廷、墨西哥对其他国家的关税优惠程度达20%～48%。

2. 拉美一体化协会成员国种子协定：1991年11月22日由阿根廷、玻利维亚、巴西、哥伦比亚、智利、巴拉圭、秘鲁和乌拉圭签署，后来，厄瓜多尔、古巴、委内瑞拉以议定书加入。该协定规定成员国之间的种子贸易互免进口税和其他一切赋税。

3. 拉美一体化协会成员国文化、教育、科学合作与资产交流区域协定：1989年10月27日签署，建立成员国文化资产和服务共同市场，文化、教育、科学材料及艺术作品可在成员国之间自由流动。

4. 巴西—乌拉圭经济补充协定：对汽车工业产品，只要符合原产地规则和协定规定的其他条件，两国互免进口关税。

5. 巴西—阿根廷经济补充协定：规定了两国间免税区和汽车工业产品贸易优惠安排。

6. 阿根廷、巴西、巴拉圭、乌拉圭南方共同市场条约：1991年3月26日签署。其后南方共同市场同智利、玻利维亚、墨西哥、安共体、秘鲁、先后签署自由贸易协定；同哥伦比亚、厄瓜多尔、委内瑞拉、古巴签署了关税互惠协定。

7. 巴西同圭亚那、墨西哥、苏里南先后签署关税互惠协定。

8. 南方共同市场——墨西哥汽车贸易关税互惠协定，于2005年7月5日签署。

二、南方共同市场

巴西是南方共同市场的创始国和重要成员国。南方共同市场成员国总面积约为1 180万平方公里，约占南美洲总面积的

67%；人口总数约为2.46亿，约占南美洲人口总数的65%。[①]随着这一区域组织一体化程度的提升，为在巴西的外国投资者获得了进入南方共同市场成员国乃至整个拉美地区的机会。

1991年3月26日，巴西、阿根廷、巴拉圭和乌拉圭4国总统在巴拉圭首都亚松森签署了关于建立南方共同市场的《亚松森条约》，该条约于当年11月29日正式生效。1995年1月1日，南方共同市场正式启动。1996~2004年，智利、玻利维亚、南非、秘鲁、哥伦比亚和厄瓜多尔先后成为南方共同市场的联系国。2006年7月，南方共同市场成员国签署议定书，决定吸纳委内瑞拉为正式成员，但议定书须经创始国4国议会批准。截至2009年年底，该议定书仍未获得巴拉圭和巴西议会的批准。因此，委内瑞拉尚未成为南方共同市场的正式成员。

南方共同市场的组织机构：包括理事会、共同市场小组、贸易委员会、议会、仲裁法院及设在乌拉圭首都蒙得维的亚的秘书处。其中，理事会是南方共同市场的最高决策机构，由成员国外交部长和经济部长组成，负责首脑会议的筹备和组织工作，理事会主席由各缔约国外长轮流担任，任期半年。首脑会议每年至少举行一次，必要时可召开多次。南方共同市场的执行机构为共同市场小组，下设10个工作组，负责实施条约和理事会做出的决议。南方共同市场议会实行一院制，由成员国各自选出18名议员组成，总部设在乌拉圭首都蒙得维的亚。2007年5月，南方共同市场议会在蒙得维的亚成立并召开了首次会议。

自成立以来，南方共同市场通过了合理利用资源、保护环境、协调宏观经济、加强文化科技合作等一系列协议，以加速该组织的一体化进程。但近年来，南方共同市场成员国贸易保护主义抬头，争端不断，多项协议未能得到落实，南方共同市场一体化进程处于停滞不前的状态。

---

① 参见腾讯网：《南方共同市场拒绝承认洪都拉斯临时政府》，http://news.qq.com/a/20090725/000011.htm，2012年12月5日。

在加强内部合作的同时，南方共同市场还积极发展同本地区及世界主要国家和集团的合作。近年来，南方共同市场先后启动了与安共体、欧盟、海湾合作委员会及亚非一些国家的自由贸易谈判，并取得了重要成果。2004年10月，南方共同市场同安共体签署了自由贸易协定。同年12月，南方共同市场4个成员国同5个安共体成员国及其他3个国家在秘鲁成立了南美国家共同体。此外，南方共同市场还同中美洲国家签署了旨在推动两地区间经济合作的贸易投资框架协议。2000年年底，南方共同市场就降低对外关税问题达成协议，决定从2001年起对成员国之外的国家降低0.5%的进口税。目前，南方共同市场同中国、欧盟、日本、俄罗斯和韩国等建立了对话或合作机制。2010年3月，巴西正式批准以色列与南方共同市场签署的自由贸易协定，这是南方共同市场首次与地区外贸易伙伴签署自贸协定。

三、中巴双边关系

中国与巴西早在100多年前就开始了交往，建在里约热内卢蒂茹卡国家公园的中国亭是对于1812年来此传艺的中国茶农永久的纪念。

1974年8月15日两国建立正式外交关系。近年来，双边政治、经济、贸易、文化、科技合作顺利发展，高层互访频繁。江泽民主席于1993年11月和2001年4月两次访问巴西。1995年12月，巴西总统卡多佐对中国进行国事访问。卢拉总统执政期间，对华友好，重视发展中巴关系。2001年5月，卢拉曾以劳工党名誉主席身份率领该党代表团访华，回国后多次高度赞扬中国的快速发展，呼吁巴西学习中国的经验。2004年5月和2009年5月卢拉总统两次对中国进行了国事访问。2004年11月和

第一章 巴西法律概况

2010年4月，胡锦涛主席两次对巴西进行国事访问。1986年11月24日，北京同里约热内卢结为姊妹城。1999年中巴联合研制的第一颗地球资源卫星发射成功。2004年7月，中巴合作生产的支线飞机首次进入中国国内航空市场。2011年4月，巴西总统迪尔玛·罗塞夫应邀对中国进行了国事访问，与中国国家主席胡锦涛进行了会晤，并签署了《中华人民共和国和巴西联邦共和国联合公报》，奏响了南南合作新篇章。[①]

巴西是第一个同中国建立战略伙伴关系的发展中国家，是中国在拉美地区最大的贸易伙伴。中国2001年开始首次超过日本，成为巴西在亚洲最大的贸易伙伴。2009年巴西与中国贸易额为361亿美元，其中，巴西出口201.91亿美元，进口159.11亿美元。2011年，双边贸易额达842亿美元。中国已连续3年成为巴西第一大贸易伙伴、第一大出口市场和主要投资来源国，巴西已跃居中国第九大贸易伙伴。

巴西和中国已经签订了旨在避免双重征税的协定，该协定于1992年11月24日获得国会的立法批准（第85号），并于1993年2月19日经由总统令签署。

目前，中国企业在巴西的投资领域主要为有色金属矿产开发、家电及机械产品加工业及石油天然气工程等领域。

---

① 商务部投资促进事务局：《中国对外投资促进国别/地区系列报告》之《投资巴西》，2011年11月，第10页。

第二章

巴西投资法律制度

第一节 巴西外资政策

一、概况

根据 1962 年巴西颁布的《外国资本法》对外资的定义，"外资为不需巴西外汇支出而进入巴西，旨在进行生产或提供服务的任何商品、机器和设备，以及带进巴西用于经济活动的任何资金，上述项目的所有权属于居住、定居或总部在巴西境外的任何自然人或法人。"[①]

除某些例外规定外，巴西法律对本国投资者和外国投资者规定相同。外国资本可以对巴西进行直接投资或间接投资。直接投资是指通过设立新公司或通过股份、配额收购巴西现有的公司。

[①] 商务部投资促进事务局：《中国对外投资促进国别/地区系列报告》之《投资巴西》，2011 年 11 月，第 80－81 页。

法律没有规定外商投资的最低限额。

据中国商务部统计,2011年,经中国商务部批准或备案,中国在巴西完成非金融类直接投资金额1.61亿美元。2011年,巴西对华投资项目26个,实际使用金额4 304万美元。[1]

二、外资注册

外资以现金或货物的形式进入巴西,须在巴西中央银行信息系统(SISBACEN)下的"外国直接投资电子注册系统"(RDE-IED)进行注册登记。无形资产,如商标、商誉,按规定进行评估后均可在巴西作为公司资本。[2]

中央银行是巴西政府监管外汇流入和流出的主管机关。中央银行的资本登记是外国投资者主张投资回报权利和投资利润、股票红利汇回权利的证明。这意味着,在巴西中央银行没有进行登记注册的外国投资者,向国外汇款将受到限制,一切利润汇出、撤资回国及利润再投资必须以在巴西中央银行的外资注册为基础。

自2000年9月起,外商投资开始电子登记注册,由接受投资的公司及非居民投资者在巴西的法定代表人进行。

外资进行初始登记注册后,投资者与接受者将会收到一个注册码,无论今后以何种形式进行投资更新,都需要这个注册码。这个号码也会在国外的金融交易、外汇合约中用到,如登记定居在国外的账户持有人。

外资登记注册以其本国的货币为登记单位,用利润进行再投资的以巴西雷亚尔及未来汇回国的货币为登记单位。

---

[1] 商务部:《国别贸易投资环境报告(巴西)(2012年版)》,2012年3月,第45页。
[2] Centro de Estudos das Sociedades de Advogados, *Legal Guide for Foreign Investors in Brazil*, 2007《巴西外国投资者法律指引(2007年版)》, pp. 23-24。

三、外商投资鼓励政策

（一）国民待遇

1995 年的《宪法》修正案中消除了外国资本和巴西公司在法律上的区别。只要是在巴西注册并在巴西运营的公司，不管资本来自何地，都是巴西公司。配套的 41311/62 号法律第 2 章和 55762/65 号法律规定："在相同情况下，外商投资应与国内投资享有同等待遇；除本法律写明可有不同待遇情况之外，不得有不同待遇。"

（二）进一步开放市场

在原有的基础上，1995 年巴西政府通过修宪，逐步放松了国家对石油、天然气和矿产开采等领域的垄断，并对电信、电力业实行私营化。另外，巴西已允许外国企业参与海关保税仓库、近海航运、高速公路等领域的融资和服务。

（三）鼓励外资企业出口

在巴西境内生产的产品，如向第三国出口，可向巴西政府申请出口信贷和保险。如产品增值到一定幅度，可获原产地证，这样，出口时就可享受巴西与其他国家间的贸易优惠待遇。

（四）鼓励开发巴西北部和中西部地区

为开发经济发展落后的北部、中西部，巴西联邦政府和州政府对该地区的外国投资（必须是合资形式，而且巴西方面的投资主体要占大股）实行免征10年企业所得税，从第11年起的5年内减征50%；免征或减征进口税及工业产品税；免征或减征商品流通服务税等地方税。

（五）避免双重征税

为保障外国投资者的利益，巴西与瑞典、日本等20多个国家签订了避免双重征税的协定，其中包括中国。

四、对外国在巴西投资的限制

外资投资于金融机构须经巴西政府批准，政府根据联邦宪法临时条款第52条裁定是否符合国家利益。

巴西政府禁止外国投资者在以下领域投资：
- 与核能相关的发展活动；
- 医疗卫生服务；
- 巴西国家边境地区的农村土地与业务；
- 邮政服务；
- 不居住在巴西的外国人不能购买巴西土地。

巴西政府限制外国投资者在以下领域投资：
- 报章杂志和电视、广播电视网等企业的管理及产权；
- 根据第9.074/95号法案及8.987/95号特许法补充说明，许可私有企业参与电力的发电和输送、海关站服务开发和码头、高速公路与水坝等业务；
- 居住在巴西的外国人购买农村土地受数量限制，外国企业购买用于农牧业、工业、垦殖等项目的农村土地，须经巴西农业部等有关部门批准；

● 外国投资者不能独资经营银行和保险业，也不能在其他金融机构中占多数股，除非总统从国家整体利益考虑给予特别批准；

● 巴西航天企业仅允许少量外资股份存在，外资在民航企业的股份不得超过20%。

居住在巴西的外国人以及授权在巴西营业的外国合法实体，如果他们希望将资金投资于购买农村房地产权，必须遵循1971年10月7日颁布的5.709法律以及1974年11月26日颁布的74.965政令的规定。

法律只允许购买农村房地产权用于已被批准的工业、农业和畜牧业。另外，购买行为必须登记并订立书面合同。购买农村房地产权用于其他目的，没有登记或没有订立书面合同，在巴西法律规定下是无效的。

巴西法律对于外国人在被认为对国家安全十分重要的边境地区购买房地产施以特别的约束。边境地区是由沿着国界150公里宽的地带所组成的。只有在巴西当局事先批准之后，外国个人和合法实体才可以购买位于重要（边境）地区的房地产。

巴西对获准开展业务的外国银行按对等原则对待。总部设在对巴西银行有法律限制规定地区的银行将不允许购买超过30%具有投票权的巴西银行的资本。国家货币委员会通过法令限制外国资本在金融机构的比例不得超过总资本的50%和具有投票权资本的33%。

五、私有化和PPP计划

20世纪80年代，为解决外债危机、通货膨胀和经济停滞等困难，巴西政府实施改革，加大国有企业的改造和整顿力度，推进国有企业私有化。为了吸引民间资本和外国资本，巴西政府出台了一系列鼓励投资的措施。

为了推行私有化，巴西政府也制定了一系列法律保障措施。其中，2004年12月30日生效的《Public-Private Partnership 法案》（PPP）最为突出。

PPP计划的主要内容：

私营资本可以投资参与社会公共服务领域（铁路、高速公路、码头等）的经营。

政府可以现金、免税额度、国有资产的权益作为投入。

私营资本和国有资本要成立特殊的经济实体（Special Purpose Entity）来执行PPP计划下的合同，国有资本一般不得控股。

国有资本为PPP计划下项目融资最高可达70%（股本＋贷款），用以PPP计划的政府投资不能超过政府预算的1%。

为保证PPP计划下政府能履行其合同义务，专门成立了担保基金（FGP）。

PPP计划以特许权（concession）合同形式出现，要经过招投标程序才能取得。

第二节 外资立法体系及外资法基本内容

一、外资立法

在巴西的外国投资行为分别由1962年9月3日颁布的4131号法律《外国资本法》以及1964年8月29日颁布的4390号法律规范。其实施细则是1965年第55762号法令。巴西与外国投资有关的法律主要有《外资管理法施行细则》、《劳工法》、《公司法》、《证券法》、《工业产权法》、《反垄断法》和《环境法》等。①

二、外汇管理

巴西对外汇实行严格管理，外国企业或个人（有外交特权的单位或个人除外）在巴西银行不能开立外汇账户，进入巴西的外汇均须按汇入当日官方颁布的汇率牌价兑换成巴西货币雷亚尔。雷亚尔是巴西市场上唯一流通的货币。巴西雷亚尔不允许自由兑换，所有外汇交易必须经巴西中央银行批准，并在其授权开展外汇业务的金融机构完成。② 1雷亚尔约合0.4884美元（按2012年12月31日外汇报价折算）。

2005年3月4日，国家货币委员会通过了3265号决议，将原有的商业浮动汇率市场和旅游浮动汇率市场合并为单一外汇市场。单一外汇市场交易活动包括：

1. 涉及外汇买卖的交易；
2. 涉及居民在巴西国内与国外之间的国家货币交易；
3. 涉及其他的外汇途径，通过经巴西中央银行批准的中介机构在单一外汇市场所从事的交易。

另外，3265/05号决议规定，任何个人或公司都可以买卖外币或从事巴西货币的国际交易，没有任何形式和数额的限制，只要遵守包括税收方面的交易法规，经济责任和有关的责任须明确于相关交易的文件中。

据此，巴西中央银行通过3280/05号决议，颁布了"国际资

---

① 商务部：《国别贸易投资环境报告》（巴西）（2012年版），2012年3月，第53页。
② 商务部：《对外投资合作国别（地区）指南（巴西）（2011年版）》，2011年9月，第43页。

本和外汇交易市场的法律规定"。该规定经常修订。

从外国汇款到巴西和从巴西向外国汇款，必须在中央银行的监控下，由有外汇交易操作权的银行实施。发生外汇操作，通过外汇交易合同进行外国货币的进入或流出时，通常要缴纳外汇操作税。

此外，巴西还存在外汇"平行市场"，报纸每日公布"平行市场"价格。目前，其汇价同法定外汇市场价相差无几。

三、外国货币投资[①]

使用外国货币在巴西进行的投资不必事先经巴西政府批准。在巴西投资建厂或获得现有巴西企业的所有权，只需通过巴西有权进行外汇操作的银行将外国货币汇入巴西。外资注册由巴西接受投资企业向巴西中央银行提出申请，申请应在外汇买卖合同成交后30天内进行，申请时应同时提交资金的资产化证明。

依据巴西中央银行2997/00号通知，接受外方投资的巴西公司，需通过中央银行的信息系统（SISBACEN），从外国直接投资电子声明登记处，获得相应与投资者（外国投资者）收款人（巴西公司）的编号。在涉及外方投资的兑换协议中必须提及这个登记编号。随后，巴西公司应通过中央银行信息系统电子登记的方式，在结束兑换协议的30天内，与中央银行进行外国投资的登记。

中央银行允许将经营的利润进行再投资，但需在外国直接投资电子声明登记处注册。重新投资意味着必须是巴西公司在原投资基础上已实现利润。此类收益必须由巴西境内的公司经营所得，并将其再投资于同一公司或者位于巴西境内的其他公司。

---

① Centro de Estudos das Sociedades de Advogados, *Legal Guide for Foreign Investors in Brazil*, 2007《巴西外国投资者法律指引（2007年版）》, P.24。

四、外国信贷转化的投资

由外国信贷转化的投资须事先经巴西中央银行批准。经批准后，应进行象征性的外汇买卖操作。巴西企业应在30天内将该资金资产化，并向巴西中央银行提出外资注册申请。

依据中央银行2.997/00号通知，外国信贷可转化为在巴西的投资。为实现这种转化，巴西中央银行要求提供以下文件：

1. 外国信贷债务人确认其将信用贷款转化为投资于巴西公司的资本的"信贷债务人声明"；

2. 外国信贷债权人明确同意将信用贷款转化为投资于巴西公司的资本的"信贷债权人声明"。

五、外国实物投资

实物投资不需事先经过中央银行批准。以进口货物形式，不含有外汇兑换程序的投资方式，首先需要在中央银行和工商发展部下属外贸秘书处（SECEX）登记。

实物投资通过RED–IED系统注册时需要：

1. 提供电子注册系统下的金融操作注册系统（ROF）登记的进口报关相关金额。

2. 使用金融操作注册系统（ROF）规定的货币单位。实物投资必须评估，实物出资以出资者所在国的货币作为计价货币（经巴西中央银行批准方可以货物来源地货币计价）。实物出资以离岸价格（FOB，不含运费和保险）计价。二手货物（指旧货）一般不允许作为实物投资。

在实物清关后，接收实物的巴西企业必须在90天内将此项投资在巴西中央银行注册。

六、在资本市场的投资

巴西国家货币委员会于 2000 年 1 月 26 日通过第 2689 号决议，规定任何非居民投资者，包括自然人和法人，均可在巴西金融市场和资本市场进行投资。

外资投资公司、投资基金、投资组合（第 2689 号决议附则 1、2、4 中定义的机制）和固定收益基金等非巴西本地居民投资者可以向巴西本国投资者一样，对金融市场和资本市场上为本地居民提供的固定（或变动）收益投资工具进行投资。

非本地居民投资者现在使用同样的注册码在固定（或者变动）收益市场进行投资，可以自由地从一种投资转到另外一种投资。要进入这些市场，外国投资者必须指定在巴西的代表，负责所有交易的注册、填写 2789/00 号决议后附表格及获得巴西证券委员会（CVM）的注册号码。

根据巴西国家货币委员会第 2689/00 号决议第 6 条第 1 款和第 2 款，外国投资者的有价证券必须由经巴西证券委员会授权的机构或巴西中央银行授权的提供此类服务的机构来托管，或在受中央证券托管与金融结算中心（CETIP）监管的特别结算与监管系统（SELIC）或类似的登记与结算系统进行保管或登记（如适用）。

在巴西进行投资的外国投资者的所有汇兑合同必须填写在电子注册系统（RDE）的代码。

证券市场是由股票交易所来控制和调节的，但同时，财政部和国家货币委员会（CMN）下属的巴西证券委员会，作为政府机构，拥有监察这一市场的权利，可对参与者进行限制，停止股票交易，批准股票发行，审核国有公司及交易，实施制裁，并进行清盘。股票交易所应被看做是巴西证券委员会的辅助机构。

七、利润汇出

按规定,外资企业利润的支配及汇出金额不受限制。自 1996 年 1 月 1 日起,外资企业利润汇出不必缴纳所得税。[①]

利润汇出需登记于外国直接投资电子注册系统(RDE – IED)。

八、利润再投资

根据《外资法》,利润的再投资指"外国自然人或法人在巴西投资于企业,将获取的利润用于企业再生产或投资巴西国内其他行业"。

利润再投资的注册使用其本可以汇回的国家的货币单位,如果原先投资以巴西本国货币进行,则再投资亦将采用巴西本国货币进行(第 2997 号公告第 20 条)。

如果外国投资者不把利润汇出而将其投资在巴西,可以投资于与产生此利润原有企业不同的企业,可用于偿款、认购股票或股权,这些投资皆可注册于外国直接投资电子注册系统。这部分再投资将作为外国资本进行外资注册(就像当初注册资本金一样)。这样将来撤资课税时的计算基础也将扩大。

九、撤资

在巴西中央银行注册的外资可以随时撤回投资者母国,无须

[①] Centro de Estudos das Sociedades de Advogados, *Legal Guide for Foreign Investors in Brazil*, 2007《巴西外国投资者法律指引(2007 年版)》, pp. 26 – 27。

事先批准。

根据1999年《所得税条例》第690条第二款的规定，在巴西中央银行以外国货币为单位所注册的非本地居民外资在撤资时，若撤资金额大于注册金额，大于部分则被视为投资利润，需缴纳15%的预提所得税（Withholding Tax）。

外资撤出时，巴西中央银行以企业资产负债表为基础对外资企业的净资产进行评估。若企业净资产为负时，巴西中央银行则认定投资资产受损，从而根据亏损情况禁止部分资产撤回投资者母国。

十、向国外转移在巴西的投资

2003年12月29日颁布的第10833法律规定，自2004年2月1日起，"居住或总部在巴西的自然人或法人，或者其居所或总部在外国的投资者代理人，根据1995年12月26日所颁布第9.249法律第18条，使用源自居所或总部在外国的自然人或法人的资金，在巴西进行投资时，须对所投资金所产生的利润缴交所得税。"该法只对卖出在巴西的投资所产生的收益征收所得税。

外国投资者可以自由转让所拥有的巴西企业股份所有权。转让时应重新在巴西中央银行外国直接投资电子注册系统更改外资注册，外资注册金额以原来的投资注册金额为准，与实际转让价格无关。此类外资注册实际上是巴西中央银行进行投资者变更手续，以便新投资者能合法地将利润汇出、利润再投资及或撤资回国。

十一、外汇汇出的限制

外资利润的汇出、撤资回国及利润再投资必须以在巴西中央银行的外资注册为基础,若不符,外汇汇出会受到限制。

外资企业利润汇出需要缴纳资本收益税,税率为15%。[1] 外资企业分得利润汇出原则上不受限制,在巴西遇到国际收支严重困难的时候,中央银行会采取临时措施,限制外国投资者的利润汇出。例如在20世纪90年代,巴西和拉美陷入外债危机的时候,巴西政府采取临时措施,规定1年之内只允许汇出相当于注册资本10%的利润。目前,巴西外汇储备相对充裕,类似限制外资利润汇出的措施基本放弃。

十二、巴西对中国的投资合作保护政策[2]

(一) 中国与巴西签署双边投资保护协定

1994年4月,中国与巴西签署了《关于鼓励和相互保护投资协定》工作文本,但是该协定和巴西政府对外签署的其他双边投资保护协定一样,尚未经过巴西议会批准。

(二) 中国与巴西签署避免双重征税协定

1991年8月,中国和巴西签订了《关于对所得避免双重征税和防止偷漏税的协定》。

(三) 中国与巴西签署的其他协定

中国政府和巴西政府于1978年1月签署了双边贸易协定,

---

[1] 商务部:《对外投资合作国别(地区)指南(巴西)(2011年版)》,2011年9月,第43页。
[2] 参见中华人民共和国驻巴西联邦共和国大使馆经济商务参赞处网站:《巴西对中国企业开展投资合作的保护政策》,http://br.mofcom.gov.cn/aarticle/ddfg/tzzhch/201107/20110707671615.html,2012年12月6日。

1984年5月两国政府签署了贸易协定补充议定书。

2006年双方签署了《关于加强基础设施领域工程建设合作的协议》。

作为中国—葡语国家经贸合作论坛（澳门）的参加方，2003年巴西与中国、安哥拉、佛得角、几内亚比绍、莫桑比克、葡萄牙和东帝汶共同签署了经贸合作行动纲领。

此外，中巴双方还签署了《动物检疫和动物卫生合作协定》、科技合作协议、文化教育合作协议、海运协议等。

第三节 在巴西投资的法律风险与防范

一、法律复杂且时常修订

巴西已经完成工业化和市场经济体系建设，与之相适应的法律体系也比较成型而完整。巴西属于联邦制国家，除了联邦统一法律外，每个州和市都有自己的法律，法律体系复杂、法律规定繁多且时常修订。例如，巴西税法规定的商品流通服务税和社会服务税，不同地区税率各不相同，且经常调整；个人所得税税率和可扣除项目的具体数额，几乎每年都有变化。外国投资者要想在巴西投资，必须依靠专业法律人员提供专业的法律支持。据了解，巴西石油和其他国际石油公司法律人员配置占到员工总数的1/50。实践证明，在巴西投资，借助于法律专业人员的支持，法律风险是可防、可控的。

二、提前做好法律环境调研分析

在巴西开展矿产资源投资，一般投资金额较大。根据巴西的实际情况，必须事先作好投资合作的风险分析，如对合作伙伴、投资环境、投资法律、投资期限、汇率风险、用工规定、投资效益回收等各方面做好深入细致的调研。巴西十分重视发展民族工业，亦非常重视吸引外资。凡是与巴西国内企业合资联营的外国投资企业，皆享受民族工业的优惠待遇，因此，与巴西企业合作，可考虑采用合资的方式。

三、劳工立法严格，劳工纠纷较多

巴西历史上是葡萄牙的殖民地，深受欧洲国家劳动立法影响，制定了完善的劳动法律体系和劳工保护制度，而且倾向于保护劳动者利益。劳工纠纷是外资在巴西项目法律人员日常要处理的主要问题，诉由多因职工切身利益引起。熟知所在国用工制度、了解当地用工环境、加强与当地工会的沟通协调、及时办理到巴西的工作签证和遵守当地的劳动法规等都是中国海外项目公司避免该类纠纷的有效途径。

四、税收法律监管严格

巴西是一个高税赋的国家，目前共有各种捐税 58 种。巴西税收管理机构监管严格，到巴西办企业，如不对当地税收进行认真了解和筹划，投资失败的可能性很大。

五、环保要求严格

巴西有着经济快速发展导致自然环境遭受严重破坏的问题，亚马孙热带雨林的大面积减少就是例证。环保问题是项目实施过程中遇到的重要法律问题，以油气田开发为例，体现在以下几个方面：一是国家环保法律严格，南美国家基本采用美国的环保标准；二是业主要求高，业主往往把 HSE 业绩作为考核项目运行的首要指标和今后续约的重要指标；三是油田作业区居民作用不可忽视，作业前往往要与其签订社区协议、获得通行许可、参加地方行政机构关于社区意见的听证等；四是国际环保组织十分关注巴西的环境保护。因此，满足巴西当地的环保要求已成为投资风险防范的一项重要工作。

六、其他投资注意事项提示

走出去企业在境外生产经营，必定会涉及物资出入境、利润回流等问题，所以走出去企业必须熟知所在国物资出入境、外汇兑换、审批程序、利润回流缴纳的税率等。赚取利润是企业经营的目的，利润最终实现体现为将在国外获取的利润回流到国内的账户上，所以要密切关注东道国的外汇出入境管理规定，关注国际货币的汇率。如国内某企业刚到巴西时，1 雷亚尔可以兑换 4.2 元人民币，而时间过去 1 年后，1 雷亚尔只能兑换 2.9 元人民币，这些都会影响到在境外经营企业的实际利润。再如，巴西规定外资企业利润汇出需缴纳一定比例的税金，也就是说，企业除了在当地国缴纳各种税金，包括企业所得税外，对利润回流时还要缴纳一定比例的税金。对于外汇管制严格的国家，就需要更多地去研究这些问题,这也是企业在外经营应重点关心的内容。

巴西法律没有关于外资在巴西停留最低期限要求的规定,因此外资可以撤回本国,且无需获得事先的批准。汇回资本额大于登记资本的部分被认为是外资的资本利得,需要按15%或25%的比率扣缴所得税。因此,撤出的外资中在份额转让或股票转让及外国投资者资本利息收入中所得的资本收益部分,将被税务机构按照上述税率征收所得税。

值得一提的是,存在其他投资安排,如可以替代有限责任公司或股份有限公司的其他形式,降低外国投资者的税务成本。一种已经被普遍采用的替代方式是外国投资者以合伙投资基金(FIP)的方式间接收购上市股份有限公司或闭锁公司的股份。这是可行的,因为根据法律的规定,外国投资者可以享受某些撤回、援助、销售及分期偿付FIP份额的所得税豁免。

对于打算在不同行业开展经济活动的外国投资者而言,控股公司是一个很好的选择(控股公司是一个以管理企业集团为目标设立的管理公司)。这种类型的法律实体,被大中型企业采用,并且通常有更完善的公司资本结构。

第四节 典型案例

中国A公司完成巴西某天然气管道项目

一、基本情况

巴西某天然气管道是巴西全国天然气骨干网络重要的组成部

分。2004年9月,项目建设列入中巴政府合作框架,同年11月在两国政府及相关各方共同努力下,项目业主巴西B公司确定中国A公司作为该项目的EPC总承包商。管道全长1 000多公里,日输送能力2 000万立方米,分南北两段建设。2006年4月和2007年12月,双方分别签署南北两段总承包合同,合同总价10多亿美元。经过近4年的努力,A公司圆满完成了管道项目建设。该天然气管道项目是A公司第一次在相对发达国家执行总包合同项目,没有经验可以借鉴,面临业主提供的固定合同模式等诸多困难和挑战,项目部法律人员加大法律管理工作,有力地支持了项目的合同谈判、变更索赔和纠纷处理,使项目得以顺利完成,为项目盈利奠定了坚实的基础。

二、事件启示

1. 认真细致进行合同结构策划。项目部聘请国际会计师事务所提出财税结构方案和协助报价工作,聘请当地和国际两家律师事务所提供合同咨询、招标文件审查等服务工作。在财税策划的基础上,与业主、分包商、供应商、代理公司进行了多次沟通和艰苦的谈判,充分考虑适应当地法律、优化税务结构和资金流向、规避汇率风险和可操作性,形成签订总包合同以及主合同项下的设计、采办、施工分包和各类咨询服务合同的税务结构和合同结构。仅此一项,就为项目节省了上千万美元的税负。

2. 加强合同学习与培训,为项目顺利实施奠定基础。总包合同签订后,为了严格履行合同,避免合同纠纷,项目部法律人员编制了《合同主要内容介绍》、《合同时间节点统计》、《合同条款分类》等项目合同培训材料,经项目部领导审阅后发给项目部全体人员学习。项目部还专门组织全体人员进行EPC合同集体学习并对重点合同条款进行讨论,加深对合同的理解和运用，并对全体管理人员进行合同培训。通过合同学习和培训，增强了全体员工合同意识，加深了员工对总包合同的理解，提高了员工运用合同解决问题的能力，促进了项目目标的实现。

3. 积极做好项目履行法律支持工作。总承包合同履行的过程实际上是项目操作的过程，合同管理人员主要对项目合同的履行情况进行跟踪、统计、分析和协调，建立合同台账，文控管理人员将所有合同文件（包括合同、合同附件、有关记录、协议、合同变更、备忘录、函件等）进行建档管理。合同管理人员协助设计、采办、施工、计划控制、财务等部门及时处理各类信函，参加有关会谈，及时向项目部领导和其他有关人员发出预警报告，参与处理变更、索赔和反索赔等工作。

4. 合同变更索赔效果理想。项目执行过程中，碰到来自业主方对项目要求的修改，或是现场施工环境、施工技术的要求而产生的变化，或是由于雨天、对基础设计进行一致性审查中发现的工作量变化、业主许可迟延、业主没有支付有关款项等原因，都需要进行合同变更。为此，从项目开工，项目部就成立了项目经理亲自挂帅，控制部、设计、采办、施工、法律等专业人员组成的变更小组，并抽调专人负责合同变更工作。在法律人员积极支持参与下，变更索赔取得理想效果，中方向业主索赔达到预期目标的同时，预防了分包商向中方的索赔。

5. 积极应对诉讼纠纷。为避免不必要的诉讼，从项目一开始法律部门就制定了项目部各类法律管理办法，并通过培训、督察、定期沟通等措施严格落实各项管理规定，进行诉讼预警，有效地预防了诉讼的发生。

第三章

巴西贸易法律制度

第一节 巴西贸易政策

一、巴西贸易发展概况

2011年，巴西出口额达到2 560亿美元，比2010年增长26.8%。主要出口商品包括原油（216亿美元）、大豆（163亿美元）、原糖（115亿美元）、咖啡豆（80亿美元）、禽肉（71亿美元）、钢铁半制成品（46亿美元）、汽车零部件（40亿美元）。在巴西产品的出口目的地中，对亚洲、非洲出口增长分别为36.3%和32%。中国是巴西产品最大的买家，2011年，巴西对中国的出口额为443亿美元，同比增长43.9%；其次是美国，巴西对美国出口额为259亿美元，同比增长33.3%。2011年巴西对南方共同市场出口增长23.2%，达到了279亿美元，其中，对阿根廷的出口就达到227亿美元。但是，南方共同市场在巴西出口总额中所占份额略有下降，从 11.2% 下降到 10.9%。2011 年巴西的进口额也达到了创纪录的 2 262.43 亿美元，比 2010 年增长了 24.5%。进口增长主要是由于燃料和润滑油的进口拉动，这两类商品的进口增长为 42.8%，达到 362 亿美元。原材料和中间产品是巴西的主要进口商品，进口额为 1 021 亿美元，占进口总额的 45.1%，这一类商品主要包括农业生产资料、建筑材料、动物饲料和农产品。

巴西进口商品的主要来源国包括美国（15.1%）、中国（14.5%）、阿根廷（7.5%）。美国主要提供的是柴油机、煤、电子设备、有机化学品、药品等；中国出口巴西主要商品包括电子设备、有机化学品、汽车、汽车零部件、服装、玩具等；巴西从阿根廷主要进口汽车、汽车零部件、石脑油、天然气、小麦、塑料、小麦面粉、蔬菜和水果、奶制品、橡胶等。

巴西从南方共同市场的进口额为 194 亿美元，比 2010 年进口额增长 16.6%，但是从南方共同市场的进口额在巴西进口中所占比例从 9.1% 下降到 8.6%。

2011 年巴西的主要贸易伙伴是：

出口目的地国家：中国（443 亿美元），美国（259 亿美元），阿根廷（227 亿美元），荷兰（136 亿美元），日本（95 亿美元）。进口来源国：美国（342 亿美元），中国（328 亿美元），阿根廷（169 亿美元），德国（152 亿美元），韩国（101 亿美元）。

二、中巴双边贸易概况

据中国海关统计，2011 年，中国和巴西双边贸易总额为 844.9 亿美元，同比增长 35.1%。其中，中国对巴西出口 318.5 亿美元，同比增长 30.2%；自巴西进口 526.4 亿美元，同比增长 38.2%。中方逆差 207.9 亿美元。中国对巴西出口的主要产品为电机、电气、音像设备及其零附件，核反应堆、锅炉、机械器具及零件，光学照相、医疗等设备及其零附件，车辆及其零附件，有机化学品，钢铁及钢铁制品，纺织品等；自巴西进口的主要产品为矿砂、矿渣及矿灰；油籽、子仁、工业或药用植物、饲料；矿物燃料、矿物油及其产品；木浆等纤维状纤维素浆；糖及糖食等。①

据中国海关总署统计数据，2012年上半年中巴贸易额达410亿美元，同比增长11.8%，其中中方出口155亿美元，进口255亿美元，同比分别增长6.5%和15.2%。中方逆差100亿美元。中国是巴西全球最大贸易伙伴、第一大出口目的地和第二大进口来源地。② 中国对巴西出口的主要产品为煤、焦炭及半焦炭、机电产品、电器及电子产品、高新技术产品、电子技术、纺织纱线及制品、二极管及类似半导体器件、机械设备、仪器仪表等，自巴西进口的主要产品为铁矿砂及其精矿、大豆、钢坯及粗锻件、钢材、钢铁板材、纸浆、豆油、食用植物油、锰矿砂及其精矿、原油等。

（一）中巴石油贸易情况

据巴西《圣保罗州报》报道，巴西工贸部统计数据显示，2010年1~10月，巴西对中国出口石油17.95万桶/日，超过美国15.7万桶/日，同比增长125%，合计金额31.8亿美元，同比增长273%。据统计，2003年前巴西尚没有对华出口石油的记录，2004年，中国在巴西石油出口目的地国中排名第六。2009年巴西石油公司和中国石化签订的石油供应协议使得两国石油合作突飞猛进。③

---

① 商务部：《国别贸易投资环境报告》（巴西）（2012年版），2012年3月，第45页。
② 参见中国经济网：《上半年中国巴西双边贸易410亿美元同比增长11.8%》，http://intl.ce.cn/sjjj/qy/201207/17/t20120717_23496582.shtml，2012年12月5日。
③ 参见中华人民共和国商务部网站：《今年1~10月巴西对华出口石油加速增长》，http://www.mofcom.gov.cn/aarticle/i/jyjl/l/201011/20101107274447.html，2012年12月5日。

（二）中巴汽车贸易情况

据巴西汽车进口商协会（Abeiva）统计，2010年中国品牌汽车在巴西销量达17 266辆，比2009年的2 437辆，大幅增长608.5%。其中，销量居前五位的依次是奇瑞（超过7 000辆）、哈飞（4 200辆）、EFFA HAFEI（3 900辆）、长安（868辆）和力帆（703辆）。

（三）中巴农产品贸易情况

据巴西农业部颁布的公报，2010年巴西农产品出口额达764亿美元，比2009年的647亿美元增长18%，超过2008年的718亿美元，再创历史新高。其中，向中国出口农产品110.1亿美元，增长23.4%，占巴西农产品出口总额的14.4%。中国连续3年成为巴西农产品的最大进口国。2010年，荷兰和美国则分居第二和第三位，巴西对这两国出口额累计占巴西全部出口额的7.1%。[①]

三、行业主管机关

巴西主管外贸的政府部门主要有四个：外贸委员会（CAMEX）、外交部、工商发展部（MDIC）和巴西中央银行。

巴西外贸委员会（CAMEX）是巴西对外贸易政策及贸易保护措施的决策机构，成员由工商发展部、财政部、农业部及外交部部长和内务办公室主任组成，负责所有与外贸有关问题的决策和协调。

---

① 参见新华网：《巴西去年农产品外贸顺差大幅增加》，http://news.xinhuanet.com/world/2011-01/13/c_12976543.htm，2012年12月5日。

巴西外交部设有负责一体化、经济和外贸事务秘书处，是双边和多边对外贸易重要活动的领头单位，其中设有处理贸易争端解决机构。

工商发展部（MDIC）是巴西最主要的外贸管理部门。主要负责：工业、贸易和服务发展政策，知识产权和技术转让，工业质量、计量及标准化，外贸政策，监管及执行外贸规划和措施，参与国际贸易谈判，实行贸易保护机制，提出支持微小企业及手工制造企业的政策，进行贸易登记备案。工商发展部（MDIC）设有外贸秘书处（SECEX）专门负责对外贸易。外贸秘书处内设4个处：外贸处，负责具体外贸进出口业务的管理；贸易保护处：负责反倾销、反补贴和贸易保障调查及管理；国际谈判处参加国际贸易组织的谈判；外贸计划发展处。

巴西联邦税务总局是海关事务的主管部门，隶属于财政部，负责制定和执行海关政策、征收关税以及实施海关监管制度等。

巴西中央银行是外汇兑换的管理部门。巴西中央银行是全国货币委员会的执行机构，根据全国货币委员会批准的条件和限度发行和回笼货币，进行再贴现和向金融机构贷款，控制信贷，管理外国资本和外汇，代表巴西政府与国外金融机构进行联系和交涉。

第二节 巴西对外贸易立法体系及基本内容

巴西没有一部综合的对外贸易法，巴西主要的进口管理措施都包括在2003年12月1日发布的《进口管理规定》，2004年2月2日、2月11日和5月3日的部门法令对其进行了修改。[①] 巴西的出口措施都包括在2003年9月3日的第12号《出口管理规定》中，2004年2月16日、5月3日和5月12日的部门法令对其做了修改。

---

① 商务部：《国别贸易投资环境报告》（巴西）（2012年版），2012年3月，第47页。

一、进口管理制度

1997年1月1日,巴西政府开始运用"巴西外贸网"(SISCOMEX)对进口业务进行统一网络管理。巴西工商发展部外贸秘书处、巴西财政部税务总局、巴西中央银行等17个与外贸有关的部门,以及进口商、报关行、运输商、仓储商、金融机构均已联网。所有进口业务可在巴西银行办事处、有外汇业务的银行、外汇兑换处、报关行、税务总局纳税点等单位上网操作。

所有巴西进口业务都必须在SISCOMEX电子系统内登记,并需取得进口报关单,用于之后的清关。对于某些特定的产品,进口设备和其他货物需要取得进口许可证。在大多数情况下,在SISCOMEX电子系统上提交进口报关单时(在货物抵境前),将自动取得进口许可证,或者根本不需要进口许可证。通常,进口许可证自其发放日开始90天(60天,加上可延期的30天)内有效。是否需要预先许可取决于拟进口设备或货物相关关税税则的规定以及其他特定条件。

必要时,自动进口许可证审批过程比较简单且自动批准。非自动进口许可证管理的产品主要包括需要经过卫生检疫、特殊质量测试的产品,对民族工业有冲击的产品及高科技产品,以及军用物资等国家重点控制的产品。申请非自动许可证的审批过程比较复杂,需要出示各种文件和证明,并要经相关机构会签,通常在提货前进行。进口货物未获许可证需缴纳该批货物海关估价的30%作为罚款,如许可证失效后货物才在出口国装船,则须缴纳该批货物海关估价的10%或20%作为罚款。如要进口二手机械、设备和集装箱,则必须证明相关产品在巴西不生产或不能被巴西产的其他类似产品代替,而与具体产品相关的工厂生产线、用于通信和信息产品维护和修理的零部件和设备则不受此规定限制。[①]

二、出口管理制度

巴西最重要的出口鼓励机制是"出口信贷计划"。该计划于20世纪90年代初启动，主要是对巴西商品及劳务出口提供资助，以提高其在国际市场上的竞争力。[②]

"出口信贷委员会"是"出口信贷计划"的最高管理机构，该委员会由财政部、工商发展部、计划预算部、外交部等联合组成，主席由财政部常务副部长担任。委员会负责审批"出口信贷计划"的国家预算和大额贷款项目（500万美元以上）。巴西银行是"出口信贷计划"的执行机构。

外商投资国产化率（巴西成分）在60%以上、单价4万美元以上的商品，也可以纳入"出口信贷计划"，具体通过"贴息"和"贷款"两种方式。"贴息"是指巴西出口商或外国进口商从其他金融机构取得贷款后，若利率高于巴西银行的出口信贷利率，巴西银行经过审查可给予补偿。"贷款"是指巴西银行向巴西出口商和外国进口商直接提供信贷。

三、关税制度

（一）进口关税

进口关税根据进口设备或货物的海关价格征收。根据确定

---

① 商务部：《国别贸易投资环境报告》（巴西）（2012年版），2012年3月，第47页。
② 商务部：《国别贸易投资环境报告》（巴西）（2012年版），2012年3月，第48页。

海关价格的相关规定,海关价格通常以交易价格为基础,包括国际保险和运费,以及其他特定的价格组成要素。进口关税税率因设备或货物的关税分类代码(TEC)不同而不同。设备的平均税率为14%。进口关税是不可获得补偿的税种。如果进口商可以证明巴西没有生产类似的货物,则资本货物的进口关税税率可以降低至2%。普通原材料的进口关税税率比较低,甚至为零。①

进口交易还需要缴纳联邦和州增值税(工业产品税和商品流通服务税)。

工业产品税的计税基础为设备或货物的海关价格加上进口关税。税率取决于相应的关税分类代码,平均税率为15%。但是,对于设备,工业产品税的税率从0~5%不等。

商品流通服务税的计税基础为设备或者货物的海关价格加上进口关税、工业产品税、商品流通服务税、社会一体化税和社会安全费(包括其他海关费用)。通常,商品流通服务税的税率为17%~19%。因下列因素可能适用低税率:(1)进口商所在的州;(2)进口货物的性质;(3)由于特殊海关制度而享受的州税收优惠。如果进口设备或货物用于巴西的加工流程或转售,巴西进口商可以抵扣支付的工业产品税和商品流通服务税。

除了某些特殊情况,进口设备或货物也需要缴纳社会一体化税和社会安全费,合并税率为9.25%,海关关税加上商品流通服务税、社会一体化税和社会安全费,使得进口设备或货物的有效税率大约为13.45%。

此外,进口商品还要承担的费用包括:进口许可证费(约100美元)、工会费(到岸价的2.2%)、报关经纪费(关税的1%)、货仓税(关税的1%)、货物装卸费(视产品价值而定,

---

① 商务部投资促进事务局:《中国对外投资促进国别/地区系列报告》之《投资巴西》,2011年11月,第120页。

费用一般为 20~100 美元)、管理佣金 (50 美元)、港口附加费 (到岸交货价的 3%) 等。

为鼓励出口，出口关税征收的范围极窄。

(二) 临时进口制度

临时进口制度是一项特殊的海关制度，允许进口设备或货物全部或部分免于缴纳进口关税和间接税 (进口关税、工业产品税、社会一体化税、社会安全费和商品流通服务税)，只要进口设备或货物在规定的期限内复出口。没有按规定复出口的设备或者货物，需要缴纳之前未缴纳的税款，并加征罚款和利息。临时进口的期限通常为 3 个月，可能申请到延期 3 个月。因经营租赁而进口的设备和货物以及因提供劳务而进口的设备和货物，需要遵循缴纳部分进口税和间接税的制度。在这种情况下，这些设备或货物可以根据合同持续的期限而相应地停留在巴西。

根据新的海关规定，临时进口货物在巴西每停留 1 个月，进口关税、工业产品税、社会一体化税、社会安全费以及商品流通服务税，必须支付原本应缴税款的 1%。

通常，临时进口不需要发放进口许可证。临时进口的资产一般不能计提折旧，也不能税前抵扣。支付的租金费用，虽然可以税前抵扣，但必须符合巴西转让定价规则对进口交易的限制。

四、外汇管理

进口所需外汇的购买，进口商通过与巴西中央银行批准的有权经营外汇业务的银行签署《外汇买卖合同》进行，其操作程序为：

（1）进口商与银行签署《外汇买卖合同》；

（2）通过"巴西中央银行网"（SISBACEN）完成合同的签署、登记和外汇交割；

（3）外汇交割后，银行在 5 个工作日内代进口商对外付款。

巴西中央银行规定，进口贸易的付款期不得超出货物装船前 180 天和货物装船后 360 天；《外汇买卖合同》的签署期和交割期之间不得超过 360 天。

五、原油出口

因为 2005 年前巴西是原油净进口国，对原油、成品油、天然气出口采取比较严格的控制措施。巴西不是 OPEC 成员。巴西国家石油管理局（ANP）关于原油出口的政策文件有第 7 号令（1999 年）、第 107 号令（2000 年）、第 315 号令（2001 年）。上述政策规定主要内容有：

（1）对外出口原油、天然气必须事先获得 ANP 的批准，而且只有按巴西法律注册、总部设在巴西、在巴西经营的公司可以出口原油和天然气。

（2）每一笔原油出口，必须向 ANP 详细报告数量、出口目的地、储运方式、原油的技术指标、原油销售商业条件和市场等。

（3）ANP 在其制定的特许经营权合同中，规定在巴西总统和国会宣布国家紧急情况，在本地出现原油供应短缺的时候，可以限制原油的出口。

（4）目前，巴西法律没有对原油出口合同的条款和结构做规定，由当事人自己协商。巴西石油公司和荷兰皇家壳牌集团（SHELL）是最大的石油出口商。

第三节 巴西的贸易保护风险

一、巴西贸易救济措施

(一) 概况

自从世界贸易组织(WTO)成立以来,贸易保护类案件层出不穷,特别是在反倾销和反补贴方面。巴西1994年12月30日颁布的第1.355号法案通过了在乌拉圭回合谈判中所确定的协议内容。1995年8月23日颁布的第1.602号法案规定了反倾销措施的相关行政程序。1995年5月11日颁布的1.488号法案明确了涉及贸易保护方面的措施。1995年12月19日颁布的第1.751号法案明确了与反补贴措施相关的制度。

巴西外贸办公室(The Chamber of Foreign Trade, CAMEX)、巴西外贸秘书处(The Secretariat of Foreign Trade, SECEX)和巴西贸易保护部(The Department of Commercial Defence, DECOM)是直接涉及贸易保护方面的政府机构。以上3个部门都是巴西工商发展部(The Ministry of Development, Industry and Foreign Trade, MDIC)的下属机构。

除以上3个机构之外,巴西国内财政收入部(The Internal Revenue Service of the Ministry of Treasury)、国家发展计划部(The State Ministry of Development)和巴西工商发展部(The Ministry of Development, Industry and Foreign Trade, MDIC)均有

直接或间接涉及与贸易保护有关的事项。

依据2003年6月10日颁布的第4.732号法案，巴西外贸办公室（CAMEX）被赋予了更多的权力，并设立了外国贸易事项与CAMEX的强制性磋商机制。特别是有关贸易保护措施方面，CAMEX有权直接实施反倾销、反补贴和贸易保护措施，无论是临时性还是终局性的。

巴西外贸秘书处（SECEX）通过巴西贸易保护部（DECOM），具体负责执行贸易保护措施，包括制定启动商业调查的标准。然而巴西外贸办公室在反倾销和反补贴措施的最后实施阶段具有决定权。

（二）有关反倾销和反补贴的行政程序

调查程序的启动应以书面申请书的形式，由受到影响的国内产业公司提交巴西外贸秘书处（SECEX），并至少代表占该类产品市场50%以上的民族工业。申请书应当依照巴西外贸秘书处提供的模板拟定，否则申请将不会被接受。涉及反倾销申请，参考巴西外贸秘书处21/95号模板，涉及反补贴申请，参考巴西外贸秘书处20/95号模板。

当巴西外贸秘书处的通告在联邦公报（Federal Official Gazette）上公示，且所有调查相关方和出口国政府被告知后，调查正式启动。

涉及贸易补贴的调查程序，在申请提交之后调查正式启动之前，政府将会参加到协调磋商会议中，磋商会议目的在进一步澄清有关贸易补贴的一切可能性事实、程度和影响，寻求相互满意的解决方案。

第1.602/95号法案规定，任何能够证明倾销行为存在并造成持续性损害的证据，都应受到重视。同时，根据第1.751/95号法案的规定，涉及可诉性补贴调查的，除了要有证明补贴存在的证据之外，还应提供因补贴造成损害的有关证据。

对反倾销和反补贴事实存在的确认，应当在正式调查启动前的12个月内进行，这一期间可以少于12个月，但不应少于6个月。

一旦调查程序启动，调查问卷将会送达利益有关各方，各方应在收到问卷之日起40日内反馈，如有正当理由在40日内提出，可获得30日的延期。如果被调查方不填写必要信息、延迟递交报告、在调查过程中设置障碍的，一审或终审判决将会依据目前已知信息作出。

依据第1.602/95号法案第33条和第1.751/95号法案第43条的规定，在最后裁定或司法判决做出之前，会举行一次听证会，听取被调查各方陈述关键事实。

反倾销和反补贴税，无论是暂时的还是长期的，应当以两种形式适用：按照到岸价格（CIF，成本加保险费加运费）海关完税价格，增加固定税金；或以一个固定税率，以美元为基准，换算成本国货币添加进商品进口价格中。

（三）有关贸易保护措施的行政程序

依据第1.488/95号法案第7条的规定，有关贸易保护的调查应当先确认是否由于产品进口给国内工业产品造成一系列损失或产生威胁。该法案还规定，有关进口增长的证据应当客观，而不应用假设来证明进口与国内工业损失之间的联系。

采取贸易保护措施的申请可以由受到影响的政府机构、公司、联合会等以书面方式向巴西外贸秘书处提出，申请书应依据巴西外贸秘书处提供的范本（巴西外贸秘书处1996年4月2日颁布的第19号法案）书写。申请书中主要应将证据陈述充分，如进口增多的证据、造成实际损失或威胁的证据等，同时应当包含对贸易保护具体措施的建议。

巴西贸易保护部（DECOM）有责任就申请书进行事先调查，

一旦发现证据充分确凿，正式的调查通知单将会由巴西外贸秘书处发出，并刊登在政府公报上。巴西外交部随后会就发起的贸易保护措施通知WTO。

贸易保护调查正式开始后，被调查方有30天的时间以书面或听证会的形式进行举证辩护。

当贸易损害事实被证实，贸易保护措施采取之后，巴西外交部会通知WTO，表达巴西政府就贸易实质性问题与出口国协商的意愿。

依据第1.488/95号法案第9条的规定，为保护本国工业避免损失而采取的贸易保护措施，最长执行期限不得超过4年，除非另外获得特别许可。此外，当贸易保护措施实施1年以后，为促进本国产业发展，将会间断性的取消贸易保护措施，实施自由贸易政策。贸易保护措施实施的时间周期由巴西外贸秘书处调查后决定。对于保护措施是否能够有效保护本国产业发展、避免损失，是否符合WTO有关规定等问题也由巴西外贸秘书处调查后决定。

二、巴西贸易救济案件的特点及走势[①]

据世贸组织统计，1995~2010年，巴西共启动222起贸易救济调查，占全球贸易救济调查总数的5.1%，在全球55个启动贸易救济调查的世贸组织成员中位列第7位。其中，反倾销216起，反补贴3起，保障措施3起。同期，巴西共遭遇了111起反倾销调查和7起反补贴调查。

1995~2010年，巴西共启动216起反倾销调查，占全球反倾销调查总数的5.6%，在45个启动反倾销调查的世贸组织成

---

① 中华人民共和国商务部产业损害调查局：《巴西贸易救济案件的特点及走势》，2012年4月9日。

员中居第 5 位；而同期巴西遭遇的反倾销调查数为 111 起，占比 2.9%，在 102 个遭遇反倾销调查的国家（地区）中列居第 9 位。

2004 年之后，巴西年度反倾销立案在全球反倾销调查中的比重呈现上升态势。1995～2010 年，巴西启动了 216 起反倾销调查，采取反倾销措施的 106 起，占巴西全球反倾销立案总数的 49.1%。其中，2004 年之前，巴西反倾销立案数相对平稳，共 108 起，年均 12 起；2003 年是巴西反倾销历史上占全球反倾销调查总数的比重最低的年份，为 1.7%。2004 年之后，巴西反倾销立案数呈现上升态势，共 108 起，年均约 15 起；2010 年是巴西反倾销历史上占全球反倾销调查总数的比重最高的年份，为 21.8%。中国和美国是主要被诉方。1995～2010 年，巴西启动的 216 起反倾销调查共涉及 53 个国家（地区）。其中，涉及中国的 44 起，占巴西反倾销立案总数的 20.4%，位居首位；其次是美国，为 32 起，占比 14.8%；位居第三位的是阿根廷和印度，均为 10 起，占比各为 4.6%；位居第四位的是韩国，为 8 起，占比 3.7%；位居第五位的是中国台湾，为 7 起，占比 3.2%。涉及上述 6 个被诉方的反倾销案件数之和占巴西反倾销立案总数的 51.4%。塑料橡胶制品及贱金属是调查重点。1995～2010 年，巴西启动的 216 起反倾销调查共涉及海关编码税则中的 15 个类别。其中，涉及橡胶、塑料及其制品（第 7 类）的案件数位居首位，为 55 起，占巴西反倾销案件总数的 25.5%；其次是贱金属及其制品（第 15 类），为 41 起，占比 19.0%；化工产品（第 6 类）位居第三，为 40 起，占比 18.5%。涉及上述三个类别的反倾销案件占巴西反倾销立案总数的 63.0%。巴西启动保障措施调查仅 3 起。1995～2010 年，巴西共启动 3 起保障措施调查，并对其中 2 起采取了保障措施。这 3 起保障措施调查分别涉及机械设备（第 16 类）、植物产品（第 2 类）和杂项制品（第 20 类）。

第四节 典型案例

巴西与美国棉花贸易争端

一、基本情况

棉花作为一种重要的经济作物，是巴西和西非等发展中国家重要的出口产品之一。然而，发达国家实施的棉花补贴政策严重扭曲了世界棉花贸易，并使得其他棉花主要生产和出口大国深受其害，棉花产业发展和小农户生存处境艰难，在一个各种选择都非常有限的地区尤其如此。在上述背景下，巴西与美国之间爆发了棉花贸易争端。2002年11月，巴西就美国的棉花补贴问题向美方提出磋商要求，试图说服美国削减，甚至是完全取消棉花补贴，但遭到美国的拒绝。值得注意的是，根据美国农业法，美国政府对棉花的补贴政策要持续到2007年。这意味着如果巴西不能解决这一问题，它将蒙受更大的损失。为此，巴西政府于2003年9月要求世贸组织成立专家组调查美国棉花补贴问题。根据巴西的起诉，世贸组织于2004年4月初成立了WTO专家组。经过几个月对证据复核，2004年6月18日，WTO争端解决机构做出正式裁决，认定美国棉花补贴违反了WTO规则，并在裁决报告中指出，美国政府凭借补贴保持了棉花产量和出口增长，人为降低了国际市场棉花价格。此次贸易争端是WTO（包括GATT）历史上第一次针对"绿箱"政策的争端，也是第一次将"严重损害"规则应用到农业补贴问题上的争端。①

2009年8月31日,WTO对巴美棉花争端作出最后裁决,判定美国为其国内棉农提供巨额补贴的做法违反了WTO的相关贸易规则,并批准巴西对美国实施总额为2.95亿美元的制裁措施。对于WTO的这个最终裁决,巴西外长阿莫林称之为"具有政治含义的胜利",而美方也因为制裁数额远低于巴西此前要求的20多亿美元而感到欣慰。这场长达7年的艰苦"暗战与博弈"最终以双方都能接受的方式画上了句号。②

二、事件启示

近年来,中国与美欧等发达国家的贸易互补性正在向竞争性转化,与某些发展中国家的竞争态势也在不断扩大,贸易利益冲突进一步显现,贸易摩擦形势非常严峻。截至2010年,中国已经连续16年成为全球遭遇反倾销调查最多的国家,从2003年开始,中国化工产品就开始成为国外反倾销的主角。与此同时,中国也积极实施贸易救济措施,截至目前,共对外发起反倾销调查198起,涉及进口金额约208亿美元。中国企业在产品出口时,应尽力降低或消除触及有关国家反倾销反补贴法律风险,避免低价竞争、低价竞销。在进入目标市场前,就应对市场上相同或类似产品的成本价格展开尽职调查,详细了解东道国有关反倾销反补贴的法律、法规,公平合理的确定产品销售价格;在有可能遭到反倾销调查时,应与政府主管部门、行业协会等保持密切沟通,及时反馈事态进展,多层次开展斡旋,积极争取国家层面的支持与保护;在受到东道国倾销指控时,应积极运用法律手段,开展诉讼仲裁,维护自身合法权益。

---

① 刘志雄、卢向虎、王永刚:《巴西—美国棉花贸易争端及其给中国的启示》,载于《调研世界》2005年第10期。
② 周志伟:《从棉花"暗战"看巴西在WTO中的参与经验》,载于《环球时报》2009年9月3日。

第四章

巴西矿产能源法律制度

第一节 巴西矿产资源相关法律内容

一、矿业基本法律

（一）法律框架

巴西关于矿业管理有一个完善的法律、法规体系。巴西宪法（Article 20，item IX）规定，矿产资源归国家所有，即联邦政府所有，因此进行矿业活动必须经过政府的授权批准。巴西实行土地所有权与矿产资源所有权分离的原则，矿业权只授予巴西人或在巴西组建的公司。巴西的矿业权管理分4种情况：一是对石油、天然气、核能等实行垄断，只由国家公司开采。目前已开始允许合资公司（外资不能控股）开采，但巴西《矿业法》不适

第四章 巴西矿产能源法律制度

用这类矿产。二是对砂、石、粘土实行批准制。三是对个人及家庭进行的简单矿业活动实行登记注册制。四是对大部分矿产及矿业公司实行特许制,即发放勘探许可证或采矿许可证。矿业权由政府的矿业能源部负责管理,巴西矿业局和由其派驻各州的办事机构负责勘探许可证和采矿许可证的受理申请、登记、收费、发放等工作。

巴西1934年颁布并执行了第一部矿业法典,与之相配套的是《矿业法典规章》,系统地规定了本国的矿业活动。巴西现行矿产资源开发利用管理是建立在1967年2月28日颁布的《矿业法》基础上的。

1988年巴西国会对《矿业法》的条款进行了重大调整,对本国公司和国外公司区别对待,规定只有巴西公司才能申请矿产勘探和开采,连合资公司也被看作外国公司,造成国外资本和公司的大规模撤离,限制了巴西矿业的发展。自1990年以来,巴西矿业投资一度处于不景气状态,投资规模从历史上的年平均1.6亿美元下滑到4 000万美元。而同时对开发新矿山和扩大现有矿山规模的投资减少了32.5%。另外,居高不下的通货膨胀也冲击了巴西的经济。数年来,巴西议会一直在审视该国矿业的法律框架、复审矿业法规和税收制度,放宽贸易制度、增加政府对地质和矿产信息化的投资、改善政府服务质量等方面进行探索。

1995年巴西议会通过了一条宪法修正案,修正案允许私有企业可以通过合资方式或私有化投资的方式进入采矿业、石油天然气工业、航运、通信和运输业。修改后的《矿业法》对矿业行业的投资提供了很大的灵活性。修改后的《矿业法》规定,矿产资源的开发利用取决于巴西矿业局授权的勘查许可和采矿许可,许可是一种适用于矿产资源开发的排他性的限制性制度。

现行《矿业法》对矿产资源的控制非常严格,主要体现在:矿产资源属国家所有;保证地下可能埋藏有矿产资源的土地所有者具备获得勘探和采矿特许权的权利；国家独占权包括：石油、天然气和其他液体碳氢化合物；石油提炼的进出口，包括其精炼产品；石油、天然气及其加工产品的海上运输；核原料及其加工产品的勘探、开采、选矿、浓集、再处理、工业化生产以及贸易等；与石油、天然气和其他液体碳氢化合物有关的经济活动均应在政府法律框架的范畴内进行；对矿产资源的勘探和开采必须得到联邦政府的批准，并在法律允许的范围内进行，但在边境线附近只准本国居民开发经营；联邦政府、自治区、省政府有权分享在巴西领土、大陆架、海域、经济特区等地区石油、天然气和其他矿产资源勘探和开发的成果；土地所有者也有权分享上述成果；矿产资源的勘探在时间上有限制，但开采权则没有限制。

巴西《矿业法》由巴西矿产能源部所辖巴西矿业局负责实施。

（二）矿业法基本内容

巴西《矿业法》自颁布以来，已遵照联邦宪法作过多次修改，设立了许多采矿责任与义务，尤其是矿床开采的方法、矿工的卫生与安全、环境保护与恢复、污染预防以及加强社区卫生和安全建设。巴西《矿业法》还对矿业公司进行了一些规定，如提交矿业公司议事程序、公司与股东协议变更条款应提交国家矿业局审查等。矿业公司必须在每年的3月15日或之前提交前一年的工程报告。《矿业法》的核心是对所有矿种均建立了勘探许可证和采矿特许权制度，该法对任何投资者均一视同仁，其程序分别是：提出勘探申请、获得3年勘探的许可（勘探权授予第一申请人）、勘探结束后提出详细的勘探报告，如果报告是积极的，则可进一步提出开采申请，经国家矿业局批准，获得采矿特许权。

1. 探矿权的取得与监管。在巴西要取得探矿权需得到矿产能源部的特许。巴西《矿业法》规定，公民个人或公司均可申

第四章　巴西矿产能源法律制度

请探矿权。探矿权取得实行申请在先的原则，但采取以招标方式授予探矿权的区域除外。每个探矿权申请人申请勘探许可证的数量不限，申请人要向矿产能源部提交勘探计划和可行性报告。

巴西《矿业法》规定，从事矿产资源勘探，必须要有一份完整的可行性勘探报告。申请勘探许可证，必须要有勘探计划的支持，而且必须还要遵守其他一些规定。申请书提交矿业局时按顺序编号并注明日期。申请人提交申请书之后还有60天的期间补充矿产能源部要求的其他资料。

勘探许可证由巴西矿产能源部依法授予。巴西《矿业法》第85条规定，如果不同的矿层由不同的人勘探，具体矿床的勘探深度应由巴西矿产能源部决定。每一个勘探许可权的范围都要由巴西矿产能源部确定。金属、煤、金刚石、沥青岩、泥炭等矿的勘探区面积每块不大于2 000公顷，建筑材料、宝石（除金刚石以外）、矿泉水的勘探面积不大于50公顷，其他矿的勘探面积可达1 000公顷。巴西《矿业法》还规定，勘探面积超过5万公顷的探矿权，每18个月必须缩减一次面积。在空白区申请勘探许可证在先者享有优先权，但空白区须由发证机关确定，并且只有在正式杂志上公布之日起30天内才被视为空白区。

勘探许可证有效期最长为3年，最短为1年，经矿产能源部批准可以续展。目前砂、石等建筑材料和宝石（金刚石除外）的勘探许可证的有效期是2年，其他矿产如金、银、铜和铌勘探许可证的有效期是3年。探矿权可以延期，但一般只可以延续一次，期限也是3年。

探矿权每年每公顷交费0.31美元，不同地区有所差异。勘探许可证持有人找到矿后，可以直接申请采矿许可证，并享有3年的优先权。期满后，如不再开采，政府收回采矿权。如因市场条件不好，持有人可向政府报告，暂不开采，待市场条件成熟后，由政府通知其开采。如果政府通知后还不开采的，他人可以申请开采，政府也可将采矿权授予他人。

勘探许可权在政府公报上发布后 60 天内必须实施勘探行为，勘探工作不能中止超过连续 3 个月或不连续 120 天，否则矿业局有权处罚勘探证持有人。

勘探计划如有任何变动都必须向国家矿产能源部报告，包括工作暂停以及发现许可证没有涉及的核能矿或任何矿。如果发现的是核能矿必须立即向矿产能源部报告。

不论勘探结果如何，矿业公司都必须在勘探许可证有效期内提交工作报告。如果勘探人未能及时提交该报告，巴西矿产能源部对勘探人处以罚金。如果矿业公司在下列情形下决定不继续勘探，不用提交上述工作报告：矿业公司还没有占用矿床所在地，不需要为此承担责任；矿业公司在过了 1/3 勘探许可证有效期之前放弃勘探（经过申请）。

2. 采矿权的取得与监管。根据巴西《矿业法》的规定，符合法律规定资格的采矿权人，可以向矿产能源部提出正式采矿的申请，经审查批准，发给采矿许可证。

矿产开采申请必须要有开采计划和经济可行性研究报告。和矿产勘探许可权一样，开采特许权也是首先由国家矿产能源部受理，并颁发开采特许证。采矿特许权授予通过部长令，并且根据巴西《矿业法》的规定在政府公报上发布。自公布之日起 90 天后矿业公司才占有矿床，6 个月后开始实施采矿计划载明的准备工作。

采矿权的开采期限一般没有限制，可至资源枯竭或矿山关闭为止。但建筑用砂石和粘土矿的特许年限一般为 5 年，也不需要矿产能源部的批准，经过资源所在地的市批准即可。

采矿许可证可以申请的最大面积为 1 万公顷，采矿许可证不交费，但需按矿产品销售收入的 1%～3% 交矿产勘探财务补偿费。补偿费直接交给政府指定的银行，其中 65% 交当地政府，23% 交州政府，12% 交联邦政府（其中，10% 分配给矿业局，2% 分配给环保部门）。

第四章 巴西矿产能源法律制度

《矿业法》还规定,采矿权的特许权一般授予探矿权拥有者,特殊地区如边境地区或印第安人居住的地区除外。对外国投资者来本国开发矿产资源的要求是,必须在本国成立公司,但本国股份占多少没有规定。外国投资者不能成为位于边境地区的采矿权人。公民个人或公司均可申请探矿权,但采矿权只特许给公司,不特许给个人。

采矿权人履行的主要义务是:第一,取得采矿权6个月后必须开展工作;第二,要向矿产能源部矿业局上报开发方案;第三,只能开采矿产能源部特许的矿种;第四,要向矿业局报告在开采过程中新发现的特许以外的其他矿种;第五,提交采矿活动的年度报告;第六,要与地表的土地权利人达成协议,并提交环境影响报告,履行环境保护所规定的各项义务。

另外,一旦矿业公司取得采矿权,就被要求获得矿山操作许可和地方许可。矿山操作许可必须向国家环保总局申请,并由它授予,而地方许可是由地方政府授予的。在矿山操作许可之前,根据矿床所在地不同,一般还有其他两种许可证:一种是预先许可,包括上文提到的环境影响评估书,在矿产能源部授予勘探许可之后必须提交;另一种是设备安装许可,申请采矿特许权以及经济用途规划审批之后申请。这两种许可分别应按规划和采矿设施安装的要求而设计。

3. 探矿权、采矿权转让的管理。与其他国家相比,巴西的矿业权流转制度比较健全、完善,规定了矿业权人的权利和义务。探矿权和采矿权均可转让,但必须向矿产能源部矿业局申请批准,且在政府公报上发布后生效。矿业权转让主要是通过谈判确定,具体形式包括一次买断、分期付款、组成合资公司、将矿业权作价、向矿业权人支付矿业权使用费等。矿业权可以用于出租、抵押、继承。矿业权转让收入应交转让税。

4. 关闭的管理。受矿业局颁布的237号法令(2001年10月18日)及其修正案第12号法令(2002年1月22日)规范。

《矿业法》第 20 条具体规定了矿业项目关闭时需履行的管理和操作程序，分为永久关闭、暂时关闭、重新操作等情况。

二、其他相关法律

巴西政府非常重视采矿活动对环境生态的影响，环境保护意识强，法律法规制度较为健全，执行也较严格。主要环保规定有如下几个方面：

在项目申请勘探许可时，需根据有关要求申请环境许可。

在项目关闭时，采矿者都必须恢复由于采矿而引发的矿区环境。其主要原则是"谁采矿，谁复垦"。

《矿业法》规定，采矿权人必须及时对采矿造成的环境破坏进行复垦，并建立了相应的监督机制：一是采矿权人每年提交的年度开采报告中，要说明复垦工作的进展情况；二是复垦标准要达到矿产能源部批准的环境影响报告中所规定的要求（目前国家还没有统一的标准）；三是建立矿山环境复垦基金，当矿山企业破产时，利用该基金进行复垦。复垦工作的验收由矿产能源部矿业局和国家的环保机构共同监督检查。

除环保要求外，对人员健康与安全、外国雇员雇佣等方面都有规定。

三、矿业管理机构

巴西负责矿产开发管理工作的政府机构是矿产能源部。矿产能源部主要负责石油天然气、水电能源等资源的开发管理工作，以及探矿权、采矿权的授予和监管工作，详见下节论述。

另外，巴西还有一个从事与矿业有关的巴西矿产协会，为非政府机构,主要是为矿山企业提供矿山技术、提高产品质量、社会需求、环境保护等方面的服务。

第二节 巴西能源行业基本法律内容

巴西管理全国矿产资源和能源资源的机构是矿产能源部。该部下设3个机构:第一个是矿业局,主要负责矿产资源的探矿权、采矿权的授予和生产监督管理;第二个是国家石油管理局(ANP),主要负责石油天然气的生产管理,该国的石油天然气生产由国家石油公司垄断经营;第三个是国家水电能源局,该局负责本国水电的运营管理。巴西水力资源丰富,水电由本国的两家电力公司进行经营。

巴西矿产和能源资源开发利用管理的法律框架是建立在1988年通过的巴西宪法的基础上,1995年巴西议会通过了一条宪法修正案,修正案允许私有企业可以通过合资方式或私有化投资的方式进入采矿业、石油天然气工业、航运、通信和运输业。1999年巴西政府废除了对石油天然气工业的垄断政策,允许巴西石油公司与外国投资者组建合资公司,废除了对燃料价格的补贴政策。

20世纪90年代,巴西政府采取政策措施,改革开放,吸引投资,积极开发国内石油资源。1997年前,巴西的石油由国家垄断,成立于1953年的巴西石油公司是巴西唯一从事石油管理和经营的公司。巴西石油公司不仅参与石油政策的制定、执行,还统管巴西石油的勘探、开发、生产、运输及企业的经营管理,是巴西政企合一的国营企业。1997年,巴西政府颁布《石油投资法》,规定自1997年8月6日起,将石油管理实行政企分开,在巴西矿产能源部下增设巴西国家石油管理局,负责巴西石油政策的制定和行业监督管理。由巴西国家石油管理局实施勘探、开发和生产矿区的授权，签订、监督矿区招标与合同，审批炼制、加工、运输和进出口业务等。《石油投资法》实施后，外国石油公司陆续进入巴西。

巴西与能源相关的法律法规主要有：《矿业和页岩管理法规》（1965 年）；《石油化工工业管理总统令》（1965 年）；《石油投资法》（1997 年）；《烃类矿物资源法（第 9478 号法令）》（1997 年）；《勘探开发和生产石油和/或天然气标准租让合同》（1998 年）；《国家石油局关于特别分享报酬的行政规定》（1999 年）；《国家石油局和受让人勘探开发石油和天然气标准租让协议》（2000 年）。

一、石油政策和法律发展历程

巴西的石油政策随着国家的能源形势不断进行调整。1953 年 10 月 3 日第 2004 号法令颁布，巴西政府宣布石油工业国有化，规定石油资源为国家所有，并成立了巴西石油公司，其主要任务是勘探和开发巴西的石油财富。当时巴西石油公司不仅参与石油政策的制定、执行，还统管巴西的石油勘探、开发、生产、运输及企业的经营管理，是政企合一的国营企业。

20 世纪 60 年代以后，巴西先后颁布了《石油法》、《石油投资法》及《烃类矿物资源法》等法律，出台了税费征收、勘探/开采标准合同、标准租让合同、仲裁等一系列法规、规章，逐步形成了市场化改革的法律法规体系，明确规定了全国陆地、海上油气资源为国家所有，油气勘探、开发与生产的全部权利归巴西联邦政府。依据法律，巴西联邦政府建立了规范的油气矿权管理制度，要求通过招投标方式获得油气勘探开发矿税合同，并详细规范了矿税合同基本要求、条款及主要税费政策等。

1997年，巴西政府颁布第9.478号法令（《石油法》），规定自1997年8月6日起将石油管理实行政企分开，在巴西矿产能源部内增设国家石油管理局，负责巴西石油行业的监督管理。巴西石油公司按照市场经济规律实行企业自主经营，其原有的勘探、开发、生产的资源及资产经向国家石油管理局申请批准后再重新全部划分给巴西石油公司。法令规定巴西石油公司由联邦政府控股50%，在注册资本原始股中联邦政府占51%（注册资本分有投票表决权的原始股和无表决权的优先股）。

按照新石油法，巴西允许国内外资本和企业进入巴西石油工业的上、中、下游。在巴西所有从事上述石油经营活动的外国公司，必须按巴西法律组建总部设在巴西的公司，经有关部门同意或批准后，可在联邦法律的规定和监管内从事上述有关经济活动。

另外，按照法令，巴西石油管理局对新油田的勘探、开发和生产采取招标方式，外国公司参加巴西石油勘探、开发和生产招标项目的投标，在中标后必须执行上述法律，在巴西注册公司。参加勘探开采的企业中标后5年没有取得实际成果，将被要求把中标规定的勘探区域退还巴西石油管理局。开采生产的陆地油井在开采完后按规定退还巴西石油管理局，该局将视情况进行二次开采的招标。

1997年的新《石油法》废除了持续44年之久的巴西石油公司对巴西石油工业的垄断，新成立的国家石油管理局负责巴西所有与石油工业有关的行政事务，但国家继续保持对巴西石油公司的51%的控股权，巴西石油公司作为国家石油公司继续处于本国石油工业和市场的主导地位。

二、石油法律主要内容

(一) 概述

1995 年通过的宪法修正案和 1997 年 8 月 6 日第 9.478 号法令（1997 年《石油法》）是巴西石油工业的基本法律，它明确了巴西石油天然气工业在巴西能源政策中的地位和作用，制定了石油天然气工业经营管理的各项法规。该修正案和法令实施合理利用能源资源的国家政策以实现下述目标：巴西能源政策必须维护国家利益；促进和扩大劳动就业市场，创造能源价值；在价格、质量和产品供给方面保护消费者利益；保护环境和促进能源储备；按宪法第 177 条第 2 款规定保证巴西国土内的石油产品供应；增加使用天然气；对不同地区采取相应办法解决能源的供应；利用新技术使用多种能源；促进自由竞争；吸引在能源生产方面的投资；扩大在国际市场的竞争力。

第 9.478 号法令被称为《石油法》，重点规范具有垄断性质的国家能源政策，设立巴西国家能源政策委员会（National Board of Energetic Policy，CNPE）、国家石油代理处（National Agency of the Petroleum）、国家石油管理局（Natural gas and Biofuel，ANP）。

巴西国家能源政策委员会（CNPE）是巴西总统的辅助机构，负责能源政策规划和相关指令的制定，其具体组织结构和作用在第 3.520/00 号法令中规定。

巴西国家能源政策建立在综合利用能源的法律体系之上，主要有：

- 保护国家资源；

- 促进发展，拓展劳动力市场并评估能源储量；
- 从提供产品的价格、质量方面保护消费者利益；
- 保护环境，可持续发展；
- 保证石油炼化产品及其他派生产品的供给；
- 节约利用天然气，并保持天然气产量增长；
- 国家分区域有区别供应电能；
- 通过新技术来使用原材料，利用多样性能源；
- 促进自由竞争；
- 吸引能源产品产业的投资；
- 促进国家石油公司在国际上的竞争力。

《石油法》（第9.478/97号法令）具体内容包括：

- 允许私营公司与巴西国家石油公司在巴西油气资源勘探开发方面竞争与合作，具体而言允许巴西国家石油公司出售资产和子公司；
- 允许外国投资者购买巴西国家石油公司的股份和在巴西建立子公司；
- 允许巴西国家石油公司保留其已生产或已进行勘探工作的地区；
- 3年之内取消石油产品的价格补贴，完全放开对石油产品价格的管制；
- 巴西国家石油公司仍将维持国有公司地位，政府将保留该公司的51%的股份，其余股份将上市出售。

（二）石油法案

1. 矿权管理。巴西领土内包括陆地、领海（12海里内）、大陆架、专属经济区（200海里内）内的石油、天然气勘探、开采和生产的全部权利归巴西联邦政府，具体业务委托巴西国家石油管理局管理。

有关石油、天然气勘探、开发生产活动应按巴西《石油法》规定，通过授予矿税合同和招标进行。巴西国家石油管理局划定地区进行招标和签订矿税合同。矿税合同包括勘探和生产两部分：（1）勘探部分应包括为商业目的进行的可能发现油田的评估程序；（2）生产部分应包括开发活动。

企业必须在满足巴西国家石油管理局要求提供的有关石油、天然气勘探和生产的条件后，才能获得矿税合同。巴西国家石油管理局将最长在180天内对提交的开发和生产计划进行批复。如巴西国家石油管理局在180天内对提交的开发和生产计划未进行批复，该计划将视作自动批准。

矿税合同要求区块获得者有义务承担勘探的费用和风险，一旦勘探成功，必须在划定的地区内生产。开采出的产品产权归区块获得者，但其有义务支付事故赔偿费用及法律和合同规定的有关费用。若勘探成功，区块获得者的开发和生产计划必须获得巴西国家石油管理局的批准。当区块获得者开采的油田与毗邻油田相连时，有关双方应签订生产协议具体协商解决有关问题。

矿税合同准许转让，但必须是在同等的目的和合同条件下。新矿税合同获得者必须满足巴西国家石油管理局制定的技术、经济和法律规定要求。石油天然气勘探、开发和生产合同不涉及其他任何天然资源，区块获得者必须及时专门向巴西国家石油管理局报告发现油田的情况。

2. 招标。招标必须按巴西石油基本法律和巴西国家石油管理局的有关规定进行。

标书应附合同的基本条款，必须包括：区块位置、勘探开发期限、最低投资和开发规划；对竞标者的条件要求；政府参与的最低比例和预计参与的最少面积；要求提供的有关技术能力资格、财务资信状况和法律规定及对标书建议的技术、经济财务进行判断的内容；对区块获得者为执行合同需支付征用土地及服务的补偿费用要有明确规定；为配合区块获得者拟订标书需要巴西国家石油管理局提供有关材料、调研和其他信息的期限、地点和时间，以及所需要的费用。

当集团公司准许参加竞标时，标书应提供集团的章程和集团子公司成员的允诺证明；提供集团核心领导企业（母公司）对其子公司的业务指导对集团其他子公司的责任没有损害的材料；由每个子公司提交需进行技术、经济、财务评估的材料。禁止同一企业以其他企业名义参加同一标的区域的竞标。

标书要求单独或合伙参加竞标的外国企业需要同时另外提交其建议书。按巴西国家石油管理局规定，需提交技术、财务资信状况、法人和审计的证明材料；提供公司章程的全部正本和按企业所在国法律组建和正常经营的证明材料；选派与巴西国家石油管理局联系的合法代理，合法代理应有投标和提供建议书等活动的特别权利。

3. 矿税合同要求。矿税合同必须忠实地反映标书的条件和胜标者的建议书，还应包括：含有划定合同标的区域、勘探期限和延期条件、工作规划和预计投资额度的内容；区块获得者必须提供履行合同的保证，包括各期投资的履约保证说明；关于退出和退还划定区域的内容，包括撤走设备、设施归还财产的特别条款，对勘探、开发和生产的监督检查及合同审计程序；以及必须向巴西国家石油管理局提供有关业务生产活动的材料和信息。

转让合同应含有矿税合同获得者履行的条款，包括：在业务活动中，需采取必要措施保护油田和其他自然资源，保证人员及设备安全和保护环境；发现油气层及其他碳氢燃料或其他矿藏，应立即通报巴西国家石油管理局；按向巴西国家石油管理局提供的规划对发现的矿藏进行评估，提交商业报告及对油田开发的有关意见；向巴西国家石油管理局提交油田商业性开发计划，包括投资计划和报表；对建议书中的活动负民事责任；对所签合同规定的勘探、开发和生产活动造成的任何损失要负责赔偿；因矿税合同获得者责任行为造成的损失，应向巴西国家石油管理局或联邦赔付赔偿金；吸收国际石油工业的先进经验，遵守科技程序和准则，包括采用二次开采技术，合理生产，控制储备大量下滑。

4. 参与比例、分配方式及费用缴纳。矿税合同应对合同签订保证金、矿区矿税、矿区占用和延误费等做出明确规定。

矿区矿税自每个油田开始商业生产之日起，每月以巴西雷亚尔按石油天然气生产量的10%支付。按1989年12月28日7990号法令，因地质风险和其他合理原因，巴西国家石油管理局可在标书中标明矿区矿税最少按石油天然气生产量的5%支付。

矿税中，超过石油天然气生产额的剩余部分的5%将按下述比例分配：如果在陆地、湖泊、河流、岛屿和湖泽地带开采，52.50%归属所属州，15%归属所属市，7.50%归属因装卸石油天然气受影响的市，具体按巴西国家石油管理局有关规定，25%归属科技部资助石油工业科研和技术开发使用；如果在大陆架地带开采，22.50%归属面对的邻近州，22.50%归属面对的邻近市，15%归属海军部以满足产区稽查和保护的费用，7.50%归属因装卸石油天然气受影响的市，具体按巴西国家石油管理局有关规定，7.50%建立特别基金，向各州市分配使用，25%归属科技部资助石油工业科研和技术开发使用。

矿税合同条款规定，产量大，利润丰厚的区块获得者应按巴西总统令的有关规定支付特殊参与费用。特殊参与费用是生产的毛收入在扣除矿区特许使用费、勘探投资、作业成本、价格贬值或下跌和法律规定的税赋等支出后计算的费用。特殊参与费用收取后将40%归矿业能源部，作为巴西石油管理局在石油天然气方面应用地质学和地球物理学研究的开发基金；10%归环保部，用于环保研究项目发展的基金；40%归所属州；10%归所属市。

矿税合同还规定，矿区占用和延误费按油田占有平方公里面积每年缴纳。如果延长勘探期限，矿区占用和延误费将按巴西石油管理局规定按有关百分比增加缴纳。巴西石油管理局规定，陆地矿区矿税合同中规定需以巴西雷亚尔支付石油天然气生产额的

0.5%~1%费用给有关投入土地的所有者。

5. 其他相关法规。继《石油投资法》之后，巴西又颁布了一系列总统令和石油局规定，内容涉及设立巴西国家石油局、对天然气进口实行管制、规定所有者费用支付标准、规定石油进口程序、制订用于计算天然气参考价格的方案、规定除管道所有者（运输权拥有者）之外的油气公司对天然气管道的使用方法、规定所有新的油气作业均由巴西国家石油局授权、规范石油勘探公司的活动等内容。主要法规目录有：

2000年　巴西国家石油管理局和受让人勘探开发石油和天然气标准租让协议

1999年　巴西国家石油管理局关于特别分享报酬的行政规定

1998年　勘探开发和生产石油和/或天然气标准租让合同

1997年　烃类矿物资源法

1997年　石油投资法

1986年　生产、运输、销售、消费、进出口天然气管理法规

1979年　Petroleos Brasileiros S. A.（巴西石油公司）和私营承包商陆地和海上作业标准服务合同

1977年　Petroleos Brasileiros S. A.（巴西石油公司）和私营承包商海上勘探/开采标准服务合同

1976年　Petroleos Brasileiros S. A.（巴西石油公司）提议的巴西勘探标准合同

1969年　领海延伸海域法

1965年　石油化工工业管理总统令

（三）盐下油田法案

近年来，巴西在海上盐下油气田的发现导致政府重新考虑如何管理上游资源。政府已经提出了议案，以提高政府的控制和参与程度，新议案正在讨论，通过后将具备法律效力。但现有的合

同不受新议案影响，政府的议案只针对未招标区域的盐下潜在发现，或具备战略意义的区域。

根据巴西国家石油管理局在2010年6月7~9日巴西里约热内卢召开的盐下油田开发会议上公布的消息，巴西有关盐下油田开发的新财税议案已经通过众议院的批准提交给参议院。新的财税改革包括4个单独的议案：巴西石油资本化（将不超过50亿桶的原油储量为资本增资巴西石油公司）；成立一个专门监管盐下油田开发的国有股份公司（即 PRE – SALT）；将矿税制改为产品分成合同模式（PSA）；成立专门社会基金分配联邦政府原油生产所得等四个配套法案。

1. 巴西石油公司资本化法案。该法案主要内容是：

（1）允许巴西联邦政府使用50亿桶盐下油田原油开采权出资增加巴西石油公司注册资本金；

（2）巴西个人股东可以使用个人类似失业基金（Fundo de Garantia do Tempo de Serviço，FGTS）购买不超过其拥有巴西石油股份34%的新股。该法案于2010年8月经议会通过并经当时巴西总统卢拉签署生效。

巴西石油公司于2010年9月24日上午9时在巴西圣保罗股票交易所举行新股增发仪式。当天巴西石油共发行24亿股普通股，发行价每股29.65雷亚尔（约17.33美元），18亿股优先股，发行价26.30雷亚尔（约15.37美元）。新股发行价略低于巴西石油公司已上市股票的价格。增发新股筹资逾1 200亿雷亚尔，约合700亿美元。

根据巴西媒体报道，此次股份发行完成后，巴西石油公司市值将达2 831亿美元，超过中国石油（2 659.2亿美元），成为仅次于埃克森美孚（3 149.3亿美元）的世界第二大石油公司。

2. 成立专门的国有股份公司法案。该法案的主要内容是：成立专门的国家公司——Pré-Sal Petróleo S. A.（PPSA）。该公司为国有股份公司，注册地在首都巴西利亚，主要办公地设在里约热内卢。主要负责管理盐下油田产品分成合同，收取盐下油田勘探开发石油公司向巴西联邦政府上缴的签字费、矿区使用费以及巴西联邦政府在油田开发阶段的分成，但并不实际参与盐下油田的具体操作。

PPSA 公司董事会有 5 名成员，分别由矿产能源部、财政部、计划预算部、民委及董事长提名。矿产能源部提名的董事为董事长，董事任期 4 年，可以连任一届。执行经理由矿产能源部提名，巴西联邦总统任命。

该法案于 2010 年 8 月经议会通过并经巴西总统卢拉签署生效。目前，PPSA 还没有正式注册。

3. 产品分成合同模式法案。该法案的主要内容是：巴西联邦政府在盐下油田勘探开发中将原来的租让制合同模式转变为产品分成合同模式，合同期最长不超过 35 年。巴西石油公司是盐下油田天然的作业者，巴西石油公司至少拥有 30% 股份。国家石油局负责盐下油田招标事宜，联邦政府可以不通过招标将区块授予巴西石油公司。巴西石油公司可以转让其在盐下油田 30% 以上的股份部分，中标的石油公司需要向联邦政府缴纳合同签字费和矿区使用费。在开发阶段，联邦政府参与产品分成。商业发现后开采的石油、天然气优先满足巴西国内市场需要。产品分成合同由专门的国家公司管理。

该法案于 2010 年 12 月 23 日经议会通过并经巴西总统卢拉签署生效。

4. 专门社会基金法案。该法案的主要内容是：石油公司向联邦政府上缴的签字费、矿区使用费和联邦政府分成作为专门社会基金主要用于脱贫、教育、文化、科技和环境等。该法案正在议会审议。

（四）天然气法

2010 年 12 月 3 日，巴西颁布了 7382 号法案，对 2009 年 3

月 4 日颁布的天然气法案（第 11909 号）进行了修订。这两部法案确立了天然气运输、交易、加工、存储、液化、再气化和商品化的管理体制。这一法案还对 1997 年 8 月 6 日第 9.478 号法案《石油法》进行了部分细则的修订。《石油法》重点规范上游和天然气领域。《天然气法》对天然气工业领域有了更为细化的规定。新的管理体系给投资者提供了更为安全且具有法律保障的投资环境，鼓励投资者在天然气领域的投资。

1. 概要。在《天然气法》实施之前，天然气管道的建设和运营只能以"授权"方式获得，由于其与"特许"方式相比较的不确定性，很少能够吸引到长期投资。

在授权体制下，政府并不能提供税费优惠来保证投资收回、独占地位或补偿，且没有补偿款。在特许体制中，公共服务在税费体制下转移到私有部分，这一体制在受控的前提下可以逐渐收回投资。另外，这一转移只能用来进行投资的收回，在特许期末，对其投入的资产和服务，政府会根据初始投资金额和后期投入、升级、翻新的价款总额，支付补偿款后收回。

新的制度体系允许通过不同手段获得天然气投资权：

（1）特许。对于天然气管线需要进行公开招投标。一般情况下，当有公共资本参与时，则采取公私合营模式。特许经营权将会授予税费（成本）最低的投标人。

（2）授权。①国际条约中约定建设的天然气管线；②已有天然气管线和未建但已经获批并已在环评审批阶段中的管线。除在特定情况下天然气仓储设施建设必须以特许方式进行外，《天然气法》规定其他行为均以授权方式进行。

管线权利人的独占期间：①已有管线，10 年；②新管线期间的标准视具体情况而定。在独占期间过后，准入门槛将向第三人开放。

有关管线连接和天然气交易的规定、税费的调整、因翻新区块的税费减免机制以及勘探期过后的补偿等问题，将由巴西国家石油管理局未来出台具体规定。

大客户、进口商和生产者可以建设自己的天然气管线，但应执行与当地分销商的协议并受其约束。

2. 有关天然气运输的特许和授权。天然气管线的运营需要经过特许，特许权获得需要经过公开的招投标程序，管线建设和运营最低价格的投标公司或联合体将中标。如果涉及已有管线扩建的，当前的经营者则对新扩建管线部分享有优先建设和运营权。

特许期间最长可达30年，到期后可再延长30年。到期后，与特许经营有关的资产要交回联邦政府，补偿款按照巴西国家石油管理局授权但未摊销的投资支付。这些资产将重新公开招投标进行新一轮特许，能够提供最低税费（成本）方案以及向政府支付最高金额（款项用于政府补偿之前的被特许人）的投标人会中标。

依据巴西矿产能源部的指导性规定，有关新管线的线路、最高税费、运量、独占承运期限等问题，将会由巴西国家石油管理局召集管线用户在公开提出需求后确定。有意使用管线并承诺运输量的用户应在公开招募期间签订运量承诺书。

在管线建设中的当地化比例将会在招标邀请函中明确。特许经营合同将明确各项指标及税费调整的标准。

与特许相比较，如下情况的管线适用授权：（1）与国际条约有关的；（2）在2009年3月5日前已经存在或已经巴西国家石油管理局授权正在环评审批阶段的管线；（3）不能通过特许方式执行的。

在授权情况下运营管线的税费将由承运人提议并经巴西国家石油管理局批准同意。在天然气法实施之前已经确定的税费及税费调整标准，将不再做变动。

3. 第一托运人的独占权。7382号法案规定了第一托运人对新管线的独占使用期间。巴西矿产能源部将基于如下标准确定每个项目的独占使用期间：(1)最长10年；(2)服务目标市场的发展水平；(3)当管线达到其最大运力时独占期终止。

如果第一托运人利用其独占权扰乱市场竞争或不遵守相关规定的，独占使用期间将提前终止。

承运人对已有管线和那些天然气法颁布时未建但已在环评审批阶段的管线，已经签订承诺运量协议的，独占使用期间为自管线开始商业运作起10年。

4. 第三方准入。在独占期间过后，第三方可获得准入机会。第三方在满足如下合同安排的情形下可获得准入：(1)确定管线运量；(2)管线无运量时可中断运输；(3)管线有运量时可额外运输。巴西国家石油管理局根据矿产能源部的指导原则公开召集后，在合同中确定运量和运输合同。

天然气交易是第三方准入的一个途径，但必须由发货人通过管线运营商提出申请。有关天然气交易的细化规定仍由巴西国家石油管理局制定。

第三方准入仍应满足：(1)管线由天然气终端起始，并与运输管网连接，该管网不得是天然气终端的一部分；(2)仓储装置的建设应当获得特许。另外，天然气加工或处理装置，液化或气化终端，用于运输及出口的管线的准入不开放。

5. 管网的扩建。基于巴西矿产能源部的意向或相关方的申请，执行天然气管网的扩建工程。为此，巴西矿产能源部与其研究和计划公司——巴西能源研究公司（Energy Research Company）将出台未来10年的巴西管线扩建计划。

巴西矿产能源部可能会建立公私合营的伙伴关系，并利用其两项工业税的公用资金［CIDE-fuels tax，energy development account（CDE）］来投资天然气管网的建设。巴西矿产能源部还会依据公共需求，运用该种机制建设储运量更高的天然气管线。

6. 仓储。经过特许或授权可经营仓储业务。特许应用于地下仓储，且必须是由不再生产碳氢化合物的上游被特许人已转交政府的废弃仓储库。仓储的特许与管线特许类似，同样保证独占经营权，期满后向第三方开放准入门槛。

授权适用于以上之外的情况，依照授权模式经营的仓储业务，不向第三方开放准入门槛。

7. 其他行为。天然气法律制度体系重点关注管线，但同样规范了一些其他相关行为。如下事项应由巴西国家石油管理局授权：（1）通过管线以外的方式运输或销售压缩天然气的；（2）天然气加工或装置车间；（3）终端产品的液化或再气化；（4）用于中途运输的管线或生产区域管线的出口。

天然气的进口和出口同样需要经巴西矿产能源部授权，应遵守巴西能源政策咨询委员会（National Energy Policy Council）制定的指导性原则。

8. 优先权。在授予待开发土地和待建管线的行政地役权优先权方面，新天然气法赋予巴西国家石油管理局优先权。行政地役权优先授予那些私有土地。

9. 分配：大客户、生产者和进口商。巴西联邦宪法授权各州直接开采或由州委托私营企业直接将天然气分销给客户。然而，当有大量工业用天然气的客户需求出现时，由于需求压力、用量增加以及天然气用途各异等因素，天然气运输与分销以及分销网线的使用就会出现矛盾。

为解决这一问题，《天然气法》确立了大客户、生产者和进口商几个角色。生产者是指利用自己出产的天然气作为原材料来生产其他产品。进口商是指同样为原材料而进口天然气的代理商。大客户是指依据州法律可以从任何天然气生产商、进口商或贸易商采购天然气的工业和商业客户。

大客户、生产者和进口商的需求如果在当地分销商得不到满足的，可以建立自己的天然气管线和生产装置，但必须对分销运作模式和当地分销商装置的维护达成协议。合同有关费用由州监管调控委员会规定，考虑合理性、透明性、公开性原则，并且须满足每一天然气生产装置的具体情况。生产装置在使用完毕后会在支付补偿后由政府收回。

10. 天然气交易商。天然气交易商和相关天然气交易协议（州有权管辖的协议除外）必须在巴西国家石油管理局注册。天然气交易商必须报告天然气购买来源和合同中约定的天然气交易储量。这一规定的目的是防止因实际储量不足造成合同违约。

11. 天然气短缺。除以上条款外，7382号法案未就天然气供应不足的情况做其他规定。天然气短缺是指对公司需求而言，由不可预测或不可避免因素造成的实质性或潜在供应不足。

《天然气法》要求国家能源政策咨询委员会和总统就意外情况作出裁决和判断。在意外情况发生时，根据意外情况委员会的预案，天然气运输和供应义务可以中止。在意外情况发生期间，巴西国家石油管理局将承担天然气短缺地区之间的调配。

三、石油合同

巴西的石油合同是《矿税合同》（concession agreement），它是由巴西国家石油管理局制定的示范性文本，作为招标文件之一。2004年版《矿税合同》共7章、35条、6个附件，近80页。主要条款和内容有：

合同主体：巴西国家石油管理局（代表政府）和特许权人（通过招标获得矿税经营权、按巴西法律注册、公司住所地在巴西、有税务登记号的公司）。

风险投资和所有权：特许权人负责全部勘探、开发和生产的投资，承担全部投资风险，拥有自正式生产之日起从井口获取并计量的原油和天然气的所有权。但是，井底和地下油气储量所有权仍属于巴西联邦政府。

第四章 巴西矿产能源法律制度

合同期限：自合同生效之日起＋勘探期（第一阶段＋第二阶段）＋宣布商业发现＋27年开发和生产期。

最低勘探义务：特许权人在勘探期有义务完成最低作业量和投资的义务。没有完成最低勘探义务，巴西国家石油管理局有权从履约担保中补偿。

作业者：特许权人可以指定或更换作业者代表自己从事合同项下的作业。作业者在矿税经营权区块中的权益始终不得低于30%。

巴西（本地）成分：在勘探和开发阶段，特许权人对外采购设备、物资和工程服务时，同等条件下巴西公司有优先权，巴西成分必须在整体投资中占保持一个最低比例（可以谈判）。设备、物资生产厂商中外资成分不超过40%的，视为巴西民族产品。

转让：在勘探开发阶段，经巴西国家石油管理局批准，特许经营权可以部分或全部转让；生产阶段不允许部分转让。如果转让导致原特许经营权或作业者在相关区块不再占主导地位，相关当事人应和巴西国家石油管理局重新签订特许经营权合同。

原油天然气出口限制：在总统和/或国会宣布国家紧急状态，限制原油和天然气出口时，巴西国家石油管理局可提前30天书面通知并决定特许权人必须满足巴西国内市场供应和国家战略储备的数量。

政府和第三方参与：巴西国家石油管理局既代表政府，也作为合同当事人，有权自己或聘请第三方，对特许权人的经营活动实施评估、检查、监督和控制等。

保险和担保：特许权人应该购买保险，且要保证巴西国家石油管理局也为受益人。履约担保为不可撤销的担保。

合同费用：签字费、特许权使用费、特殊参与费、矿区使用费、土地使用费。

法律适用和司法管辖：合同受巴西法律管辖和解释，里约热内卢为司法管辖地。

四、石油财税

巴西石油财税制度属于矿税制,主要财税条款如下:

(一)直接税

1. 矿区使用费:石油和天然气总产量的5%~10%,在同巴西国家石油管理局签订的区块合同中具体确定。矿区使用费自有产量当月起,每月以当地货币以现金形式支付。

2. 地表矿区使用费:根据区块的位置和地质特征会有不同的费用。该费用为年费率,根据巴西通胀指数(IGP – DI)调整。另外,在勘探开发不同阶段费率不同,以坎波斯盆地为例:在勘探期为779雷亚尔/平方公里;勘探延长期是勘探期的2倍;生产期是勘探期的10倍。

3. 特殊参与费:根据2.705法令,自1998年起征收,该税种税率根据产量设定起征点,未达到设定产量不征税;达到起征点后根据产量设定滑动税率10%~40%不等。以400米以下的浅海为例,头3年设定的产量基数(VPF)分别为9万、7.5万、5万立方米,自第四年起为3万立方米液量。特别参与费的计算公式:特别参与费(SP)= 季度经营利润(RLP – deduction factor)× 税率(Taxrate)。RLP等于总收入减去矿区使用费、勘探投入、作业费用、折旧以及油田作业各种税收后的数值。VPF为季度生产的油气量,以千立方米为单位。

4. 所得税:以税前收入为税基,税率为25%;应缴税收收益超过240 000雷亚尔外加10%的附加税(surtax);2003年2月起实行的9%的社会公益金(SCT)不抵扣公司所得税。因此,所得税总有效税率合计为34%。

5. 地面租金：根据区块面积以及所处阶段确定。

6. 研究和发展费用：总收入的1%，在支付特殊参与费时同时缴纳。

（二）间接税

1. 联邦、州和行政级别征收的各种间接税：间接联邦税包括重要货物以及巴西境内生产的货物征收的超额税。此项税收按照货物价值不同从0～36.5%不等，平均税率10%。用于勘探和开发活动的物品税率从0～8%不等。间接州和行政税包括以下几种：地方营业税（ICMS），对于所有货物交易征收，税率从7%～25%。地方营业税也对市政运输、通信和电力服务收取；地方服务税（ISS）按照服务营业额总额0～5%收取，最常见税率为5%。

2. 金融操作税（IOF）：税率为2%。针对金融市场活动（如借贷、保险和外币兑换）征收。公司收入总额的0.65%的征集款用于建立失业和保险计划基金。

3. 技术转让税：于2000年12月29日发布的用于干涉经济领域的第10.168号法令建立了一项新的税收，用于资助和激励综合性大学和公司进行创新，意在通过大学、科研机构和工业的科研计划带动巴西科技发展。税率10%，征收对象为科技研究许可证的持有者或者科技信息的购买者。此税种从2001年1月1日生效。

4. 进口税：按照重要货物的到岸价格收取，通常为15%，最高可达85%。码头费3%，仓库费2%，在到岸价格的基础上收取。

5. 出口税：免税。

（三）其他事项

1. 篱笆圈：篱笆圈是为了确定国家税收和针对每个油田的特殊参与费和矿区使用费的核算范围。

2. 扣除和折旧：折旧通常按照资产的使用年限以直线法计算。标准折旧率因资产不同而异。巴西石油公司特许经营协议规定下列支出可以抵扣：工资与社会保险、个人动员与遣散、运输、服务、材料和装备、税费和其他捐赠、保险、办公、营地和其他设施、行政支出。以下支出不能冲抵操作账目：借贷利息、诉讼费用和法庭裁定的赔偿费用、执行协议所必须但并未在协定中提及的花费和支出。

3. 估价：原油估价每月按照参考价格为基础制定，也可以等同于在合理市场价格下销售价格的粗略加权平均值，或是等同于巴西国家石油管理局指定的最低价格，取三者中的最大值。天然气价格由于在特许经营领域缺乏天然气生产销售协议或是售价和货运费用不能正确反映国内市场的情况下由巴西国家石油管理局制订。

4. 付款时间：税收年度为日历年。公司所得税与社会公益金按照估算费用按月缴纳，或者按照实际应缴纳收入按季度缴纳。按月缴纳的税收必须在所缴月份下1个月的最后1个工作日之前按时缴纳。按季缴纳的税收必须在所缴季度下1个季度的最后1个工作日之前按时缴纳，或者以每3个月一次的方式在所缴季度的下一个季度缴清。所有费用最终应当在财政年度结束后的3月份的最后1个工作日之前缴清。税收档案将在财政年度结束后的4月份归档。

5. 国内供给义务：无。

五、石油行业主管机关

矿产能源部是巴西政府石油归口管理部门,其下设的国家石油管理局是巴西石油行业具体监督管理部门。全国能源政策委员会是巴西石油政策的制定和决策机构。

(一) 巴西全国能源政策委员会

巴西全国能源政策委员会是巴西石油政策的制定和决策机构,对总统负责,由矿产能源部部长主持工作。其主要职能是:

1. 根据已经制定的能源政策原则,促进合理使用国家能源资源;

2. 根据各地区特点,保证偏远地区的能源供给,向国会提交建立补贴的特别措施;

3. 定期检查对全国各地区能源供应情况,重视常规能源和替代能源及必要技术;

4. 制定特殊计划措施,例如使用天然气、酒精、煤炭和核能的计划措施;

5. 制定进出口措施,满足国内对石油及其产品和天然气的需求。按 1991 年 2 月 8 日第 8176 号法令第 4 条规定,保证国家燃料油储备系统的正常运行和履行燃料油年度战略储备计划。

(二) 巴西国家石油管理局

巴西国家石油管理局是巴西石油行业的具体监督管理部门,负责制定石油天然气政策,隶属巴西矿产能源部。总部设在巴西利亚,中心办公室设在里约热内卢,在有关州设立地区管理机构，其组织结构如图4-1所示。按法律规定巴西石油、天然气勘探、开采和生产全部权利归巴西联邦政府，具体业务委托国家石油管理局管理。

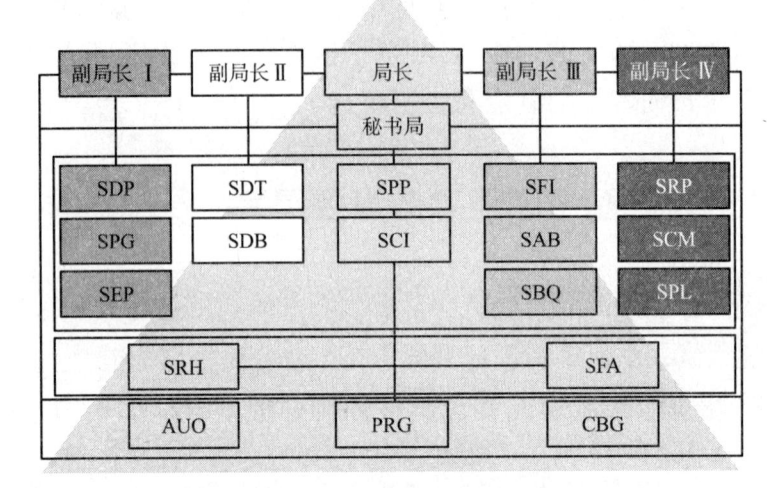

图4-1 ANP组织结构

说明：SDP-生产发展部，SPG-政府参与管理部，SEP-勘探部，SDT-技术数据管理部，SDB-区块管理部，SEC-秘书局，SPP-计划和研发部，SCI-企业宣传部，SFI-供应监督部，SAB-供应部，SBQ-生物燃料和产品质量部，SRP-天然气炼化部，SCM-石油天然气的销售和运输部，SPL-招标促进局，SRH-人力资源部，AUD-审计部（Auditoria），PRG-采办部，SFA-财务管理部，CRG-审计委员会。

巴西国家石油管理局的主要职能是：

1. 制定石油天然气国家政策，保证石油供应和保护消费者权益；

2. 加强旨在批准划定石油天然气勘探、开发和生产的地区范围的研究；

3. 规范地理学和地球物理学在石油勘探领域的应用和服务，提高技术含量，发展非专利的服务贸易；

4. 制作标书和促进特准勘探、开采和生产的招标。签订勘探开发合同，并监督检查合同执行情况；

5. 批准实施石油天然气提炼、加工、运输、进口和出口业务;

6. 制定估算管道运输的费率,确定有关价格;

7. 直接的或通过与各州协议形式对石油工业的全部活动进行监督检查,发现问题,按有关法律、规定或合同条款实施行政和经济处罚;

8. 制定公共单位申报征用原计划勘探、开发和生产石油天然气或计划建提炼厂、运输管道或码头的用地的审批程序;

9. 制定有效措施履行对石油及产品、天然气的保存及合理使用,保护环境;

10. 积极开展科研,在勘探、开发、生产、运输、提炼和加工中采用新技术;

11. 收集和整理大量有关石油工业的信息和技术资料;

12. 加强企业提供石油天然气全国储备的年报和宣传工作;

13. 按1991年2月8日第8176号法令,对全国燃料油储备系统的运转情况和执行燃料油年度战略储备计划情况进行监督检查;

14. 与其他能源管理部门加强相互沟通协作,特别是加强对全国能源政策委员会的技术支持;

15. 管理和批准有关全国燃料供应活动,直接地或通过与联邦、各州、市协议形式,对全国燃料供应活动进行监督检查。

六、巴西石油公司[①]

巴西石油公司(Petroleo Brasileiro S. A., Petrobras)成立于1953年10月3日,是一个以石油为主体、上下游一体化跨国经营的国家石油公司。是巴西四大国营企业之一,也是南半球和南

---

① 参见 MBAlib 网站:"巴西石油公司的简介",http://wiki.mbalib.com/wiki/Petrobras,2012年12月1日。

美最大的石油公司之一。1997年以前,巴西石油公司是巴西唯一一家从事石油管理和经营的公司。巴西石油公司不仅参与石油政策的制定、执行,还统管巴西石油的勘探、开发、生产、运输及企业的经营管理,是巴西政府政企合一的国营企业。

巴西石油公司虽然主要是一家国营石油企业,但它同样也是一家多样化经营企业。其主要业务活动包括了石油生产的各个方面,如石油勘探、生产精炼、运输以及销售等,是一个大型企业集团。除石油勘探与生产外,其业务活动还涉及石油工业的上下游各个部门:其一,石油炼制;其二,石油产品运输;其三,石油产品销售。

在天然气批发领域,巴西石油公司在巴西全国有23个批发企业,大多是合资参股企业。另外巴西石油公司积极开拓巴西能源发电市场,独资或合资兴办天然气热力发电厂。

巴西石油公司注册资本133.72亿雷亚尔,折合1 086 104 087股,其中,原始股634 168 418股,占58.39%;优先股451 935 669股,占41.64%。从整体而言,目前巴西石油公司约60%的权益资本是公开募集的。

除在巴西本土外,公司在阿根廷、玻利维亚、哥伦比亚、厄瓜多尔、特立尼达和多巴哥、安哥拉、尼日利亚、赤道几内亚、美国和哈萨克斯坦等27个国家均有投资经营活动。

巴西石油公司控股的7家主要直属子公司包括:

1. 巴西石油天然气公司 Petrobras Gas S. A. – Gaspetro 集团控股99.90%。

2. 巴西石油化学公司 Petrobras Quimica S. A. – Petroqiisa 集团控股99%。

3. 巴西石油国际公司 Petrobras Internacional S. A. 集团控股99.99%。

4. 巴西石油批发公司 Petrobras Distribuidora S. A. 集团控股73.60%。

5. 巴西石油运输公司 Petrobras Transporte S. A. 集团控股 100%。

6. 巴西国际财务公司 Petrobras Internacional Finance Company-PIFCO 集团控股 100%。

7. 下游产品生产公司 Downstream Participacao S. A. 集团控股 99.99%。

第三节 在巴西进行矿产能源投资的法律风险与防范

巴西已经完成工业化和市场经济体系建设，与之相适应的法律体系也比较成型、完整和丰富。在巴西投资的主要法律风险与防范建议，具体见本书第二章第三节的分析。此外，结合巴西矿产能源投资的特点，再补充以下分析内容。

一、中国企业在国际化经营中必须树立合规经营理念

中国企业管理人员在国际化经营中普遍存在"合规文化"和"豁免文化"经营理念差别。在国内经营遇到法律事项时，习惯思维是，寻求政府部门的"豁免"。而在国外经营时，必须处处依照法律或合同约定行事。合规经营的实施以及合规文化的建立和培育是一个长期的过程，法律人员在其中将起着非常重要的作用。

二、重新审视拉美国家投资风险

多年来中国企业对拉美国家的认识就是"投资政策多变"。国有化浪潮在一些拉美国家是一种趋势，政策多变在这些拉美国家将是一种阶段性的常态。但这并不意味着这些国家将闭关锁国，这种变化在某种程度上仅仅是在压缩盈利空间，预示着石油暴利的机会越来越小。由于历史原因，拉美各国民众心理上普遍对西方投资排斥，而中国多年来通过经济援助、金融支持、文化交流等途径，加上在南美树立的良好中国企业形象，从社会和政府两个层面都建立起了双方的信任关系。面对拉美国家"国有化"浪潮以及受经济危机影响，多家西方石油公司退出南美市场，反倒为中国企业提供了进入的有利时机。

与此同时，对中国企业来说，海外资产规模已经很庞大，需要从整体层面上考虑防范国有化政治风险。但中国降低海外投资征收风险的努力，既要借鉴欧美国家的做法，又不能完全照搬欧美国家的做法，不能依靠否认东道国对本国境内自然资源和经济活动的充分主权来解决，需要综合运用政治、经济、外交等手段来谋划解决。

三、了解利用当地办事规则，提高办事效率

巴西相关法律规定繁多并经常修订，就公司各种许可而言，实体上的要求很严格（如对注册申请文件的要求非常严格，给注册申请人带来很大的负担），但在程序上留有很大的余地，行政部门经常的规定是"最少需要多少天完成审批"，并可以延长审批时间，这样就使申请人很难预测工作完成时间，可能会给工作造成被动。这种法律环境造就了一大批各种各样的中介机构

（公司），这些公司活跃于经济生活的各个领域，其凭借多年来与政府有关部门通过各种方式形成的良好关系（或合作关系），为有各种各样需要的公司或个人代理完成各种各样的资质或许可证的申请事宜。

四、保持沟通

巴西现行石油政策是吸引外国投资者投标，参与巴西石油开发。对于世界上许多有实力的石油公司而言，海洋石油特别是盐下石油储量丰富的巴西，是一个非常有吸引力的地方，巴西历次石油勘探招标，大部分世界知名石油公司都参与进来。为防范矿产资源投资的法律风险，要与资源国当地石油行业主导机构和企业建立畅通的沟通渠道。同时，站在战略高度重视这一关系，研究石油管理局和巴西石油公司的政策、战略和思路，为在巴西石油勘探开发业务发展创造良好的发展环境，保障勘探开发业务的顺利进行。

第五章

巴西工程承包法律制度

第一节 在巴西进行工程承包的方式与业务流程

一、在巴西进行工程承包的方式

巴西《民法》列举了各种类型的合同,其中工程承包合同归属于承揽合同范畴。按照巴西《民法》规定,巴西工程承包范围,既可以是单纯工作,也可以是工作和提供材料。这里的"工作",含义非常广泛,既可以是勘察、设计或施工,也可以是其组合,还可以是劳务。所以,在巴西承包工程,由于承包内容不同,承包方式也多种多样,实践中,主要有以下几种:

(一)总承包

总承包是指承包方承包建设工程项目的全部过程,最为典型的是 EPC 总承包和 PPP 模式承包。

1. EPC 总承包。EPC 总承包又称设计—采购—施工总承包，是一种国际通用的工程总承包方式，总承包商承担工程设计（Engineering）、采购（Procurement）、施工（Construction）一揽子服务。此外，总承包商还可能承担对业主人员的技术培训和操作指导，直至业主指定的工作人员能独立操作生产设备和正常运营管理。根据业主要求，EPC 总承包范围可能有所增减。一般适用于大型工业投资项目，主要集中在石油、化工、水利、交通运输、电力工程等行业。采用该模式建设的项目都有投资规模大、专业技术要求高、管理难度大等特点。这种承包方式，对业主来说，只与总承包商签订合同，合同数量少，组织管理和协调工作量小，但由于合同条款不易准确确定，容易造成较多的合同纠纷，因而合同管理的难度一般较大；对总承包商而言，责任重、风险大，需要具有较高的管理水平和丰富的实践经验。当然，获得高额利润的潜力也比较大。

2. PPP 模式承包。PPP 模式承包是公私合营承包基础设施建设的一种模式。20 世纪 70 年代以来，巴西基础设施建设经历了一个跨越式发展。80 年代，由于外债危机、通货膨胀和经济停滞，促使巴西政府实施改革，加大国有企业的改造和整顿力度，主要措施就是学习英国撒切尔政府的国有企业私有化。为了推行私有化，巴西政府也制定了一系列法律保障措施。其中，2004 年 12 月 30 日生效的 PPP 法案（Public-Private Partnership）最为突出。PPP 法案规定了一种公私伙伴关系，是政府吸收私人资本投资相关基础设施建设的一种模式，巴西本国和外国私人资本都可以参与。从广义上讲，公私伙伴关系可以在国家部门和私人团体之间建立任何一种联系，以便支持某个企业的活动，例如公共工程的招标、公共服务特许权、利用公共资产特许权等。巴西 PPP 模式主要有以下一些特色：明确规定合同期，工程合同期应不短于 5 年但不超过 35 年，不允许政府一方单独承包；

限定各级政府在 PPP 模式的投资额,联邦、州、市级政府在 PPP 模式的投资额不能超过净财政收入的 1%;加强上级部门的监控力度,政府部门参与的 PPP 模式的每一个工程项目,需事先向财政部国库局和参议院提交承包方案;规定社会资金占总投资比例下限,该比例一般不少于 30%;减少政府风险,必须评估某项投资预计可收回的私人企业的资产价值,允许政府在工程支付款中扣留一定百分比的金额作为保留金以保证义务的履行;减少投资者风险,建立 60 亿雷亚尔(约合 25 亿美元)的担保基金,避免在政府违约情况下对投资者的支付风险;完善争端解决机制,成立仲裁机构,处理公私双方可能发生的合同争议。[①]

(二) 单项工程承包

单项工程承包是指承包商负责建设过程中某一阶段或某些阶段的工作承包,其特点是服务范围单一,管理简单,风险小,在市场上更为多见,例如设计承包、施工承包和服务承包等。在施工阶段,还可按是否提供材料,细分为 3 种方式:

1. 包工包料。即承包工程施工所用的全部人工和材料。

2. 包工,部分包料。即承包者只负责提供施工的全部人工和一部分材料,其余部分则由建设单位或总包单位负责供应。

3. 包工不包料。即承包人仅提供劳务而不承担供应任何材料的义务。

(三) 劳务承包

劳务承包是指承包方只提供劳动力,完成发包方指定的工

[①] 参见中国商品网:"巴西首批 PPP 工程项目出炉相关经验做法值得中国借鉴",http://ccn.mofcom.gov.cn/spbg/show.php?id=4304,2012 年 12 月 5 日。

作。巴西《民法》第612条规定：如果承揽人只是提供劳动力，在其无过错的情况下，所有风险由所有权人承担。

在巴西，获得承包任务，主要通过委托承包、招投标、议标等途径。①

1. 委托承包。委托承包指承包方不经过投标竞争，而由业主与承包商协商，直接承包某项工程任务。

2. 招投标方式。包括公开招标和邀请招标。巴西工程项目招标的法律、程序和方式与欧美国家相近。巴西联邦政府各部负责本部工程项目及采购招标，外交部合作司负责利用联合国等世界金融组织贷款进行的工程项目及商品采购招标，州政府各局负责本局工程项目及商品采购招标，州工程局负责市政建设工程招标，如排水供水、城市化工程、能源建设、卫生工程等。投标价格往往不是合同签署价格，业主常规做法是与2~3家价格较低的、且技术标和商务标都通过的投标者进行价格谈判，其中的每一家投标者都有一次机会降低价格再次报价，出价最低的一家投标者才能中标。投标时一般需要提交投标保函。由巴西本国融资的工程项目虽进行公开招标，但中标者一般为巴西本国企业。

3. 议标。双方针对项目直接进行合同谈判。主要形式是业主在全球范围内选择、邀请若干承包商参与议标，经过数轮技术澄清和商务谈判，确定中标方。

二、在巴西承包工程的业务流程

外国公司在巴西承包工程项目，一般经过以下几个步骤：

1. 注册登记。任何外国公司在巴西实施工程项目都需要在巴

---

① 参见中华人民共和国驻巴西联邦共和国大使馆经济商务参赞处网站：《巴西对外国公司承包当地工程的规定》，http://br.mofcom.gov.cn/aarticle/ddfg/qita/201107/20110707671614.html，2012年12月1日。

西联邦商业委员会注册，常规的做法是成立有限责任公司。公司在联邦商会注册后，还需要在联邦、州、城市三级税务机关登记。

2. 签订合同。通过招投标方式获得承包工程项目承包的，要按邀标书准备技术和商务标。中标后与业主签订承包合同。通过其他方式获得工程项目的，要与业主进行谈判，然后签订承包合同。

3. 项目实施。承包合同签订后，承包商组织项目团队按照项目计划完成预定的工作。

4. 工程验收。工程结束后业主按照合同规定对工程进行验收，符合合同要求，业主签发临时验收证书，项目进入试运行期，试运行期一般为1年，试运行期满后工程没有发现承包商责任问题，业主签发最终验收证书，项目合同结束。

第二节 巴西有关工程承包立法体系及基本内容

巴西有关工程承包立法体系分为两个层次：一是联邦政府制定的法律，包括普通法律和临时性法案，也包括有关机关在其职责范围内作出的决定；二是州、市政府遵照联邦法律的准则制定的相关法律细则。内容主要包括：

一、市场准入方面的法律规定

（一）法律实体注册

根据巴西法律规定，外国公司进入巴西投资或从事其他经营活动，必须在巴西联邦商业委员会进行法律实体注册。注册可采用设立代表处、分公司或有限责任公司的形式。在登记注册前必须向巴西工商发展部所属商业登记局（DNRC）提出申请。向巴西工商发展部提交的申请文件主要包括：[1]

1. 在巴西设立分支机构或代表机构的决定；
2. 分支机构的章程或合同全文；
3. 代表机构或分支机构负责人、合伙人、股东的名单、简历以及能证明其合法真实身份的证明文件复印件；
4. 能证明派出机构或母公司在本国合法身份的文件复印件；
5. 派驻巴西全权代表的任命书；
6. 派驻巴西代表关于接受巴联邦政府批准的机构设立和运作条件的声明。

上述所有文件必须都翻译成葡萄牙语，并经公证行公证和办理巴西领事认证手续后方有效。在地方商业委员会办理注册时，除了提供上述文件外，还必须提供委托授权书和巴西工商发展部申请批准书。

外国常驻巴西代表机构一旦获准注册，巴西政府将在官方报纸上刊登常驻代表机构名称和注册号。机构即可享受"国民待遇"，并必须履行企业或机构义务。

（二）注册资本限制

巴西法律对公司的注册资本没有限制，但同时规定只有具有民事行为能力的巴西公民和持有投资签证的外国人才能作为公司的高管人员，代表公司签字、行使委托或接受委托。外国企业到巴西投资，其法人代表应申请投资签证。外国人办理投资签证的最低投资额为60万雷亚尔。2011年，巴西通过新法律修正案允

---

[1] 参见中国商品网：《巴西对外国常驻代表机构注册、管理办法》，http：//ccn.mofcom.gov.cn/spbg/show.php? id=2525，2012年12月1日。

许一人有限公司存在，其最低注册资本为100倍最低工资，且需要注册时缴足。

（三）纳税登记

巴西分联邦、州、市三级政府，服务税由市级政府征收，不同的城市服务税税率不一样（2%～5%之间）。因此，在任何一个城市操作项目、提供服务必须进行当地注册。所以，任何外国公司在巴西操作项目，在巴西联邦商业委员会注册之后，需要在联邦、州、市三级税务机关登记。

（四）技术负责人条件限制

项目的运作，首先需要总承包商具有相应的工程资质。根据巴西当地法律规定，不同的公司需要不同的技术资质，并在工程师协会（CREA）注册；同时，需要有工程师协会注册的注册工程师（ART）作为项目的技术负责人，签署有关技术文件。由于语言和教育背景等原因，外国人在工程师协会注册很困难，一般技术负责人从本地招聘。但是，由于工程师在项目执行过程中没有相应权利，不愿也不应该承担责任，因此，承包商一般通过安慰函的方式明确项目中的技术问题由公司承担责任，以满足巴西法律要求。

二、劳工方面的法律规定

巴西作为前葡萄牙殖民地国家，它秉承欧洲大陆法系的传统，其《劳工法》最初颁布于1943年，经过70多年的发展和完善，现有11章922条。巴西在劳工权益保护方面的规定是非常健全的，甚至对于资方有些苛刻。巴西目前的执政党劳工党也正是通过在劳工权益保护方面的表现获得执政位置的。与中国承包商在巴西承揽项目有关劳工的规定和制度主要有以下几个方面：

（一）外籍劳工的限制规定

巴西法律规定用人单位雇佣的巴西本国员工人数和工资收入分别不得低于企业全部劳工人数和工资总额的 2/3。外籍劳工必须有特殊技术专长，并获得工作签证，方可在巴西工作。申请工作签证一是要对个人的学历学位、工作经历在中国境内进行公证和认证；二是要将中国公证后的学历学位、工作经历带到巴西境内，对这些资料在巴西进行司法翻译和认证；三是提交所有资料到巴西劳工部批准；四是持巴西劳工部批准的资料到巴西驻中国使馆进行申请。完成以上程序最快也要 4~5 个月。

巴西对申请商务签证的人员也进行严格审查，耗时也较长，一般情况都需要近 2 个月时间。持有商务签证的人员在巴西境内只能从事商务活动，不能像正式员工一样开展工作，否则将被警察要求即期离境。

（二）用工形式的规定

按照巴西劳工法律规定和巴西行业惯例，巴西劳动用工形式主要有以下两种：

1. CLT 雇员。员工作为自然人与公司法人签订劳动雇佣合同，明确合同期限，进行劳工注册登记。

2. PJ 咨询服务雇员。自然人通过个人或者合伙出资等形式注册成立公司。该公司同其他公司签订咨询服务合同，派出员工到其他公司进行咨询服务工作。PJ 咨询服务形式一般适用于公司的高级管理岗位人员。PJ 合同一般适用于律师事务所、会计师事务所和一些临时性的工作。通过 PJ 合同方式雇佣员工特别慎重。合同终止后，员工有可能以实际雇员名义起诉公司，公司将面临 13 个月工资、假期工资、社会保险等赔偿。

（三）工作时间的规定

巴西劳工法规定，每个工人每周工作时间不得超过 44 个小时。正常情况下，每个工人每月的工作时间不得超过 180 个小时，而算上加班时间，每个工人每月的工作时间不得超过 220 个小时。且加班时间的工资要比正常工作时间内的工资高一定的比例（具体比例一般根据和工会签订的集体协议确定）。

此外，一般情况下，不可安排工人在周日上班，如果遇到某些需要连续作业的工作，如浇筑大体积混凝土和电厂试运行等，则需修改工人在劳工注册时登记的工作时间，即将某部分人的注册工作时间改为包括周日，将每周的休息时间改为除周日之外的其他时间；或者安排某些工人倒休，但需经过工人本人的书面同意。

巴西国内的法定假期较多。以 2010 年为例，全国统一的假日一共有 11 个，算上这些假期前后几天的放假时间，2010 年的全国统一假期一共有 25 天；而各个州也都有自己的假期，以巴西最南端的南大河州为例，其州立假期为 4 个，共计 10 天，因此 2010 年全年实际一共有大概 35 天的休假日，且几乎均匀分布在每个月之中；而其中，带有宗教色彩的假期占了一定比例，即使资方支付高额的加班工资，工人也不愿意在这些假日工作，这就对现场施工工作的连续性带来了不利影响。

（四）工资支出的规定

按照巴西法律的规定，公司不仅要为 CLT 员工提供社会保险金、工龄保险基金、健康医疗保险、牙齿保险、上下班交通费，还要为员工的配偶和所有未满18周岁的子女缴纳牙齿医疗保险。CLT员工工作满1年，必须支付13个月的工资，同时享受30天的带薪休假，并且公司还要额外支付1/3月薪的休假工资。总之，对CLT员工来说，公司需要支付的成本一般为其标准工资的200%左右，现场员工算上加班工资，最高的要支付到300%以上。

（五）工会协议的规定

巴西国内的工会组织发展非常健全和完善，在工人群体中有很高的声望。工会协议也称集体劳动合同，是工会代表企业职工一方与用人单位通过平等协商，就劳动报酬、工作时间、休息休假、劳动安全卫生、保险福利等事项订立的书面协议。工会协议是协调劳动关系、保护劳动者权益的重要手段。根据巴西《劳工法》规定，工会决定当地所有企业每年工资上涨幅度、最低工资和福利待遇等内容，在一些情况下，如对劳动保护、员工生活条件不满意等可以直接迫使企业停工。如果资方在工作条件方面存在不合理的地方，或在薪酬待遇方面与工人无法达成一致，当地的工会组织都将出面干预，代表工人与资方进行交涉协商。从这一方面来说，巴西工会实际上发挥了部分政府职能的作用。

三、税收方面的法规

巴西的税法主要有：1966年联邦税法、1995年第9.249法律、1996年第9.430号法律（转移定价规则）、1999年第3000号法律。巴西的税种多，税赋高，税法复杂，在工程承包行业，巴西存在的主要税务种类如下：

（一）营业税

包括社会安全费（COFINS）、社会一体化税（PIS）和社会服务税（ISS），都以服务所得的毛收入为征税基础。社会安全费税率为3%或7.65%，社会一体化税税率为0.65%或1.65%，社会服务税税率为2%~5%。按照巴西的税法，在工程承包项目中，分包商所缴纳的营业税，总承包商是不能用于抵扣的（与中国的税法不同）。由此带来的问题是，若进行工程分包，就可能带来重复纳税问题，增加项目整体税赋。

（二）企业所得税

按照巴西税法规定，按照巴西法律注册成立并且实际管理机构在巴西的公司需要就其境内外的全部所得缴纳企业所得税。通常，境外损失不可以抵免境内收益。允许境外税收抵免。除了企业所得税，来源于境内外的全部所得还需要缴纳法人盈利税捐。

企业所得税和法人盈利税捐的课税依据为企业的应纳税所得额，即为按税法进行调整后的账面净收入。

巴西企业所得税的基本税率是15%，对税前利润在24万雷亚尔以上的公司再征收10%的附加税。法人盈利税捐的税率为9%。

在巴西承包工程的企业，企业利润的有效税率为34%，其中包括25%的企业所得税（包括10%的附加税）以及9%的法人盈利课税，比中国内地（25%）高9%，比中国香港（15%）高25%。

四、安全管理方面的法规

巴西的安全管理规定完全参照欧美的相关规章制度，比中国严格、细致很多。

巴西《合同法》第619条规定：在楼房和其他大型建筑物的承揽合同的情况下，在5年的不变期限内，提供材料和进行施工的承揽人，应考虑到材料和地基的因素，对工程的牢固性和安全性承担责任。

1977年12月22日巴西政府颁布《劳动保障强制法（Segurancae Medic-ina do Trabalho）》，该法共33章，涉及很多行业的安全管理规定，如农业、机械设备、锅炉压力容器、爆炸物、露天作业、消防、采矿业、工业废弃物，等等。其中的第18章，讲的是工业建筑劳动环境和条件，简称NR18。该法中对安全管理的各个方面都做了详细的规定，其中包括工人进入现场的培训时间记录，施工公司进入现场需提交的文件，施工企业的安全管理人员配备，现场医疗服务的人员和时间，安全带和安全绳的使用规定等。

安全管理方面的工作由巴西劳工部直接负责。巴西劳工部将于1年内对施工现场进行不定期的检查，检查非常严格，若发现有不符合规定的情况，轻则部分工作停工，被要求强制培训，工程款延期支付；重则可能招致整个施工现场停工数月，对项目施工进展造成非常严重的影响。

五、环境保护方面的法规

1988年生效的《联邦宪法》在巴西历史上第一次将环保列入宪法保护范围。1998年2月12日生效的《环保基本法》（第9.605法案）是巴西关于环保的基本法律。

巴西实行环境报告制度：新建或扩建企业，必须提交环境影响和环境影响可行性解决方案两项报告。

环境影响报告（EIA）：凡是可能对环境造成影响的项目都

要提交此项实地调查报告，包括空气、水、动植物、土壤、声音、安全及环境美观等多方面。

环境影响可行性解决方案（RIMA）：此项报告主要分析环境影响报告可能产生的结果，并提出避免或减轻项目对环境负面影响的可行性方案。

以上两项报告提交市、州、联邦各级委员会，由其检查该报告并决定是否通过该项目。

第三节　在巴西承包工程的法律风险与防范

一、在巴西承包工程的法律风险

外国企业到巴西承包工程，面临诸多法律风险，相比较而言，较为突出的有以下几类：

1. 主体资格不适的风险。巴西虽然欢迎外国投资，但是除了少数地区给予税收和出让土地优惠外，联邦政府对外资企业并没有太多的优惠政策。另外，在巴西直接投资的西方国家比较多，一般来讲，投资国比较倾向于选择本国的承包工程企业进行项目建设。如果直接投标，投标项目中标的概率相对要小，陪标的风险就大一些。所以，在巴西承包工程，通常的做法是成立有限责任公司。

2. 签证风险。根据巴西法律规定，只有持长期签证的外国人才能作为企业的法人代表，代表公司签字，行使和接受委托。只有持有工作签证的人才能合法工作。因此，中国企业到巴西，法人代表应申请长期签证，其他管理和技术人员要申请工作签证。由于办这两种签证程序复杂且时间长，一些企业派人来工作往往持商务签证，持商务签证每年在巴西停留的时间最多不能超过180天，而且不得从事经营活动，一旦被警察发现，除持证本人被限定8日内出境外，还将对公司处以罚款，对法人代表追究刑事责任。这样频繁交接不仅影响工作效率和质量，公司也要负担很高的人员来往机票等费用，更重要的是，未办理长期的工作签证就与外方合作投资，风险较大。

3. 劳工方面的风险。虽然与中国的劳工管理规定相比，巴西的规定较为严格，但遵守这方面的法律规定却是势在必行的，否则可能会因为很小的细节处理不当导致劳工诉讼不断，影响公司声誉和现场的进度。例如：如果企业劳动用工本地化的比例达不到要求，就可能招致处罚；在包括薪酬待遇、假期等方面的工作条件与工人无法达成一致时，当地的工会组织就会出面干预，代表工人与雇主进行交涉谈判，必将对项目的实施和承包商的声誉产生非常不利的影响。

4. 税务和信用方面的风险。巴西是一个财税体系、银行信用体系很完善和健全的国家，同时又是一个高税负、多税种、税制复杂和监管严格的国家。对于工程总承包项目，当业主向总承包商付款时需缴纳一道流转税，当总承包商向分包商付款时又要缴纳流转税。双重流转税会造成整个承包项目的税费成本偏高。另外，巴西信用体系发达，企业间商品和劳务款项的支付规定了付款时间，要求必须在应付日期前支付款项，不得迟延，除非在付款日前提出拒付的书面理由，否则须支付罚款和罚息，甚至上黑名单。如果承包商未能按规定的付款日期支付款项，一旦上了黑名单，将会严重影响企业的正常业务开展和企业的信誉，且消除黑名单比较麻烦。

5. 安全环保方面。巴西劳工部将于1年内对施工现场进行不定期的检查，检查非常严格，若发现有不符合规定的情况，轻则部分停工，被要求强制培训，工程款延期支付；重则可能招致整个施工现场停工数月,对项目施工进展造成非常严重的影响。

二、在巴西承包工程的法律风险防范

鉴于巴西属于联邦制国家,除了联邦统一法律外,每个州都有自己的法律,巴西的法律复杂、繁多且经常变化,因而在巴西的国际工程承包过程当中,必须对相应的法律风险具有清晰的认识,并采取各种有效的措施加以防范和控制。

1. 外出人员签证方面,在尽量办理工作签证的同时,还要采取其他措施防范无法办理签证的风险。一是在起草和谈判合同条款的过程中,力争将相关内容写入合同条款中,通过合同的约束,将我方获得劳工资格与业主相关联。例如根据项目规模和施工条件,明确由业主协助获得劳工资格的数量、需要业主协助的工作内容以及将工期与获得劳工资格的时间相挂钩等,通过合同形式与业主达成一致,以便最大限度地降低风险。二是在确定工期的时候,应将由人员签证问题导致的工期拖延情况考虑在内。三是对实施项目过程中我方各个专业人员情况做出统筹规划和安排,以便根据项目的进展情况,合理配备人员,在最合适的时候安排最适宜的人员在现场开展工作。

2. 在劳工方面,要加强与当地工会组织的沟通,妥善解决可能出现的风险。巴西工会组织在工人当中有很强的宣传力和动员性,做好对工会组织的安抚并充分运用工会组织的影响力,将会在方方面面给工程的实施带来便利。承包商应重视并处理好与工程所在地工会组织的关系,做好日常的协调和沟通工作。

3. 税务信用方面,合理优化包括项目管理、设计、施工、采办环节等方面的税务结构,努力降低税赋。比如,可以采用巴西当地的习惯做法,签订部分权利和义务的转让(PARO)协议,即总承包商把部分权利义务转让给业主,由业主直接付款给

第五章 巴西工程承包法律制度

分包商，从而减少一道流转税。作为工程项目的承包商，必须严格遵守结算时间，按时向供应商和服务提供方付款。比如，可以按照付款日期编制付款时间表，每天查看有哪些需要必须付款的，确保每一笔付款在到期日前支付，坚决杜绝黑名单。

4. 安全环保方面，须将现场的安全工作放在一切工作的首位，并严格遵守巴西相关法律法规的要求做好各项工作，尤其要注意文件的准备、人员的配备、医疗服务和对分包商的安全管理等方面。文件的准备上，根据巴西相关法律的规定，公司的劳工在进入现场开展工作前，需要提交一系列的文件，并且需要通过严格的进场培训后方可进场。而进场培训需要满足法律规定的最低小时数限制，并有受培训人员的亲笔签名，方视为生效。因此，为了保证相关劳工能够及时顺利地进场工作，承包方应安排专人负责进场培训工作，并合理安排培训时间，从而保证在符合法律规定的前提下，最大限度地满足现场工作实施的需要。相关的质量、环保和安全文件（QES）必须由拥有巴西相关部门认可证书的安全工程师签字后方可生效。因此，中国承包商应在巴西当地聘请在相关政府部门注册的安全工程师。人员配备方面，巴西法律还明确规定了现场配备安全工程师和安全技师的最低数量，即与现场工作的劳工数量成一定的比例，因此在雇用安全工程师和安全技师时须满足这一数量上的规定。如果承包商雇用了当地的分包商，分包商的安全管理工作将由承包方负责，即由承包方的安全管理团队负责监管分包商的安全管理团队。这就需要承包方的安全管理团队做好沟通和协调工作，与分包商的安全管理人员通力合作，保证项目的安全进行。

5. 聘请当地的律师事务所和其他中介机构。由于巴西的法律复杂且经常修订，作为工程项目的承包商可以聘请当地知名的律师事务所提供法律服务。通过签订法律服务合同的方式，要求律师事务所提供关于许可、劳工、税务、诉讼、合同等方面的服务。而作为承包商企业的各部门应当与律师事务所通力合作，定期讨论与解决项目实施过程当中遇到的各种问题。

6. 合理投保各种保险,转移与降低风险。外国承包商在巴西承包工程项目,除了资金规模大、工期长外,还有参与建设主体多、涉及环节多、风险种类多的特点。作为承包商,当面临包括HSE(健康、安全、环保)等方面的风险时,可以通过业主、承包商本身或分包商购买保险的方式转移风险给保险公司,降低损失或免受损失。投保的险种可以包括建设工程一切险、安装工程一切险、雇主责任险、第三者责任险、货物运输险(国际运输和内陆运输)、施工机具设备险、车辆险和为雇员购买的健康保险、人身意外险、牙齿险等。

第四节 典型案例

中国A公司成功化解劳工诉讼

一、基本情况

2006年4月,中国A公司(以下简称"中国承包商")与巴西B公司(以下简称"业主")通过签署EPC总包合同的方式承建了巴西某工程项目,中国承包商作为总包商,将1A标段分包给某分包商(以下简称"巴西分包商")。2009年年初,巴西圣灵州劳工工会,在与巴西分包商就2009年度集体协议谈判时提出,增加30%危险区域补贴(根据巴西劳工法,如果工人在危险区域工作,用人单位应额外支付工人工资30%的危险区

第五章 巴西工程承包法律制度

域补贴)。巴西分包商认为,施工地段不属于危险区域,不应该额外支付30%危险区域补贴,故没有采纳工会意见。

2009年4月,圣灵州劳工工会遂代表巴西分包商701名全体在册员工,分701个诉讼向巴西圣灵州劳工法院(以下简称"法院")起诉巴西分包商、中国承包商和业主,累计要求赔偿1100万美元。这种群体诉讼的方式,即便在好打官司的巴西也不多见。收到法院传票后,中国承包商及时组织律师事务所合伙人、诉讼律师、劳工律师、外聘顾问进行专题研究,制定应对措施:一是中国承包商责任免除。根据中国承包商与巴西分包商签署的分包合同规定,起草一封信函,要求巴西分包商在答辩中免除中国承包商的责任。二是寻求统一战线。就案件与业主召开专题会议协商,力争使业主在应对这701个诉讼中与中国承包商统一立场,并明确如果法院判决中国承包商承担责任,业主应直接支付这笔费用给原告或中国承包商。三是做好应诉准备。协调业主和巴西分包商统一答辩策略。

2009年5月,中国承包商给巴西分包商再发专门信函,讲明免除中国承包商责任的理由及法律依据。免责要求有理有据,巴西分包商只能接受。2009年6月,中国承包商与业主达成共识,签署了如果法院判决应该支付危险区域补贴,业主将直接支付和免除中国承包商责任的会议纪要。在此基础上,中国承包商多次与业主、巴西分包商协商应对策略,先后与业主和巴西分包商联合聘请在当地有影响力的专家,就工作区域是否属于法律规定的危险区域进行鉴定,并获得专家对中国承包商出具的有利证明。同时,中国承包商联合业主和巴西分包商律师,积极与审判法官沟通,阐明701个诉讼严重浪费司法资源,即使工会有权代表员工诉讼,也应采取集体诉讼方式而不是代表每名员工单独起诉。主审法官综合专家意见和中国承包商答辩意见后,主动建议工会撤诉,否则法院将判决工会败诉。2009年10月,工会接受了主审法官的建议,向法院申请撤诉。至此,701个劳工诉讼案件成功化解。

二、主要启示

国际工程承包项目基于项目性质和法律要求,往往需要雇用大量当地劳工。劳工纠纷涉及劳工、工会、社区、业主、当地政府等多方面利益,牵涉人员众多,社会影响深远。如果处理不当,有可能严重影响企业形象和工程进度,甚至导致项目失败。劳工纠纷是目前中国承包商在巴西进行工程项目管理过程中需要面对的主要风险之一。为防控此类风险,可以从以下几个方面做好风险管控工作。

1. 熟知当地用工环境对避免此类纠纷具有重要意义。劳工纠纷是巴西企业法律人员日常要处理的主要问题(如某中资项目公司4年来累计处理对外诉讼1 081起,其中劳工诉讼就有1 055起),诉由多因职工切身利益引起(如工资、加班费、13个月薪酬、假期、遣散费、同工同酬、歧视等)。熟知所在国用工制度、了解当地用工环境、与当地工会沟通协调、办理工作签证、遵守当地劳动法规等都是中国海外项目公司避免该类纠纷的有效途径。

2. 处理与预防相结合,避免不必要的劳工诉讼。在巴西,国家对劳工保护比较严格,相对而言,劳工在劳动纠纷中胜诉的可能性也较高。针对这些实际情况,一是做到劳工用工合法化,对员工的录用、解雇和福利等依法办事,避免不必要的诉讼;二是证据规范化,对每一个员工从招聘到解雇所有的证据资料要完整保持,做到有备无患,防患于未然;三是对已经发生的案件,积极做好应诉准备,加强诉讼证据的调查、收集和整理工作,针对案件的起诉理由、证据材料进行多方面的研究,制定应对办法,才能使我们的权益不受侵害。

3. 有理有据,重点处理好工会事务。巴西是一个对劳工保护严格的国家，工会组织每年都要代表员工向公司提出员工分红、增薪、生活补贴等内容的要求。为此，要编制好与工会的谈判方案，并对员工做好解释和说明工作，尽快达成协议。

第六章

巴西公司组织、知识产权与竞争法律制度

第一节 公司组织

一、概况

外国投资者到巴西从事经营活动,可以有多种商业形式供选择。

1. 出口产品及服务。可供外国投资者采用的最简单的商业形式是出口产品及服务,而不用雇用代理人或在巴西设立公司。在作出一个确定的投资决定之前,外国投资者经常采用上述的商业形式来试探巴西市场。这种商业形式不会有过多的资本责任,当然涉及的风险也就小很多,但是这种形式不易接近客户。

2. 任命当地商业代理人、分销商或特许经营商。如果外国投资者希望提高他们在巴西市场的参与程度,但又不想设立一个

第六章 巴西公司组织、知识产权与竞争法律制度

公司，可以选择在当地任命一个商业代理人、分销商或者特许经营商。为了规范上述所提及的任意一种雇佣关系，外国投资者必须要签署一份明确规定双方权利义务的协议。从巴西的实践看，当地政府倾向于保护商业代理人、分销商和特许经营商的权益，已经建立了一些法律机制以保护他们的权利，以防止外国投资者任意决定他们的活动范围、进行针对性的压制或者突然中断商业关系等。

3. 合作形式。对巴西市场不甚了解的外国投资者也可以选择合作制企业的形式，将自己的技术、方法和商标与当地的知识及在巴西的合作者的组织机构相结合。外国投资者与巴西合作者的合作形式可以是企业联合体，以便于在巴西进行运营。企业联合体不具备法人资格，其成员只需承担各自相应的义务，不视为一个整体。企业联合体必须向商业登记所正式提交合作协议书，协议书必须涉及以下内容：合作目的、期间、地址、纠纷解决方式、联合体成员的责任和义务，成果分配、计算标准、代理、管理费用及关于共同利益的决定方式。在部分自然资源开发领域，企业联合体是合作经营的主要实现形式，通过政府公开招标，并签署合同。

另一种可供外国投资者采纳的模式是并购，参与到已经成立的公司中，但是在进行上述收购之前，要先对该公司做一个合理的评估，并且协商好巴西合作者与外国投资者双方的利益和权利的分配问题。在这种合作关系中，一个基本的定额出资人协议或股东协议中应包括承诺的资金投入、表决协议、优先权、跟卖权、认购权、买卖股票期权以及其他相关问题，以便有利于保护外国投资者的利益。

4. 开设子公司。这种方式对想要长期拓展巴西市场或和巴西同行业经济实体平等竞争的外国投资者来说是非常有利的。

二、商业组织形式[①]

在巴西，公司设立和运行行为主要由《公司法》（1976年6404号法令，经1997年9.457号和2001年10.303号法令修改）、新《民法典》（2002年10.406号法令）调整。根据巴西法律，商事组织的设立由联邦法律调整。在巴西最普遍适用的商事组织形式是"有限责任公司（LTDA）"和"股份有限公司（S.A.）"。巴西商业法同时还规定了合资、联合或不要求具有法律主体资格的合伙等形式。在这些形式当中，为了团体的共同利益，各方将各自承担合同的权利和义务。这些结构通常适用于满足特殊目的或非公司性质的商务要求。

（一）主要类型

1. 有限责任公司（Sociedade Limitada-LTDA）。有限责任公司受《民法典》第1052~1087条规范，依公司章程来组织，每个股东的责任以其出资份额的价值为限，但所有的人对公司承担补充连带责任。应当说，对于外商投资来说，选择有限责任公司是比较普遍的。但是，巴西公司法规定，凡是有限责任公司章程没有规定清楚的，将自动适用"股份有限公司的法律规定"。也就是说，股份有限公司的很多法律规定，将适用于有限责任公司。

（1）资本。有限责任公司资本被分割成相等或不等的份额，每个股东可享有一份或数份。所有股东对移交给公司资本的出资的真实估价承担连带责任，直至公司登记之日起满5年为止。禁止股东将提供服务作为出资。

[①] Centro de Estudos das Sociedades de Advogados, *Legal Guide for Foreign Investors in Brazil*, 2007,《巴西外国投资者法律指引（2007年版）》pp. 33 – 34.

第六章　巴西公司组织、知识产权与竞争法律制度

有限责任公司（非独资）无最低资本金要求，但外国管理人员为办理长期签证，事实上要求注册资本金在60万雷亚尔（大约35万美元）以上；无首次出资最低比例和出资时间限制（但股东对未缴足资本承担连带责任）；股东出资不以证券和出资证明书为形式，而是反映在公司章程上，这就意味着每一次股权转让必定修改章程。一人有限责任公司的最低资本为100倍最低工资（2012年的最低工资为622雷亚尔），注册时应缴足。

（2）管理。有限责任公司可由一个或一个以上巴西人或持有巴西投资签证的外国人来管理，管理者可以是投资份额持有者，也可以不是。但是，在公司资本全部缴付前，非份额持有人担任管理者需要全体份额持有人的同意；在公司资本全部缴付后，需要至少占2/3份额的股东同意。

2. 股份有限公司。股份有限公司受1976年12月15日颁布的第6404号法令（1997年6月5日发布的第9457号法令和2010年10月31日的10303号法令对部分条款进行了修正）。股份有限公司是法定的企业组织形式，其资本额由已发行的股票代表。

（1）设立要求。①由两名以上的发起人（发起人可以是巴西或外国人，包括自然人和法人。在巴西无居所的外国发起人，必须委托巴西公民或常住居民作为代理人）。

②公司名字中必须包含"股份公司（S.A.）"字样。

③股票必须采取记名制。

④可以发行不超过股本50%的优先股（如果公司在连续3年内未分配红利，则优先股股东自动获得投票权）。

⑤向当地商业委员会递交登记申请、公司章程及公司从事行业所要求的其他登记事项，并于登记后30天内在联邦、州官方报刊公告。

（2）公司治理结构。

①股东大会。股东大会主要负责审议公司年度财务报告，审

议批准公司的利润分配方案，选举公司董事、董事会和审计委员会成员。股东决议通常要求出席股东简单多数通过即可，但涉及重要的公司章程的修改，则要求更高比例（3/4）通过。

②执行董事和董事会。巴西公司法中不设法定代表人，实行"集体领导制"。股份公司一般由董事会和执行董事领导。上市公司必须设董事会（至少3名成员）；不上市的股份公司可以不设董事会，但必须设两名以上执行董事，由股东会选举。

③审计委员会（常设机构或临时机构）。审计委员会由3~5名成员组成，必须全部为巴西公民或有永久居留权的外国公民，由股东会选举。审计委员会成员不必同时是股东，但不得同时是董事、执行董事或公司雇员。临时审计委员会的设立必须经代表10%以上投票权或5%以上无投票权股东的要求。

3. 适用于有限责任公司和股份有限公司的规定。

（1）资产转移。根据巴西法律，所有公司都允许将资产转移给另外一个主体，或与另外的主体合并和重组。如果一个公司转移了它所有的资产和债务，那么它将被解散。

（2）公司名称。巴西商业法律规定，公司名称必须由一个所取的名字和体现公司的主要性质的简称组成，并标明"S. A."、"Limitada"或"LTDA"字样。

根据注册的公司章程，公司名称的查找必须取决于建议使用的公司名称的有效性。优先权将给予第一次注册该名称的公司，而并不考虑任何已存在的商标注册或申请。

公司名称受巴西1994年11月18日施行的8.934法律保护。这种保护将自动由公司总部在商业注册机构登记公司的所在州加以保护。但是，巴西拥有26个州和首都、联邦特区，如果要获得其他州的保护，则需向有关地区的商业登记部门提出特别申请。

4. 分公司。外国公司也可以通过分公司在巴西运作。一般而言，在巴西设立分公司并不是普遍做法。设立分公司必须事先由联邦政府以法令形式批准。成立分公司需要提供大量文件，其费用会远远超过成立一个巴西公司；外国企业的分公司会被视为独立纳税主体，要交纳预提税（withholding），设立分公司并不能得到税收方面的优惠。在与政府打交道时，分公司比子公司的难度会大一些。

5. 企业联盟、合股公司。指多家企业为了发展特定事业而组成的联盟。联盟乃是两个或更多的独立企业组合，而不失原有的各自自主性和其法人资格，联合起来获得更大的力量以便达成某个目的。虽然这种类型的组合有签订合约，但不具备法人资格，所以，所有签订联盟的公司只遵从所立定的条款，各自对其义务负责。

如果是股份有限公司，所签订的合约必须由各自企业的股东大会通过；或者由各自公司相关的决策机构最终认可。该合约和日后的修正案必须在联盟总部所在地的地方商业委员会登记归档。

联盟体形式除了需要向登记机关提交的联盟体协议书（联合体章程）外，联盟体成员之间需要签署联合操作协议，具体规范联盟体的操作。

（二）注册程序

对于开发性经济活动的投资中有几种法律规定的形式，其中包括商事公司。商事公司是一个法律实体，不同于它的出资人，商事公司是权利义务的唯一享有者。巴西的法律规定了资产自治原则，分离了商事公司成员的权利和义务。因此，业务形成的资产整个属于商事公司而不是他的出资人。这些资产只需负责属于商事公司的责任，因为这类公司和其出资人被视为不同的法律实体。

商事公司的设立（见图6-1）一般需要首先在商业登记所进行登记，这使该公司实体的成立公开化，也使公众可以通过其他经济代理人得知该公司的存在。

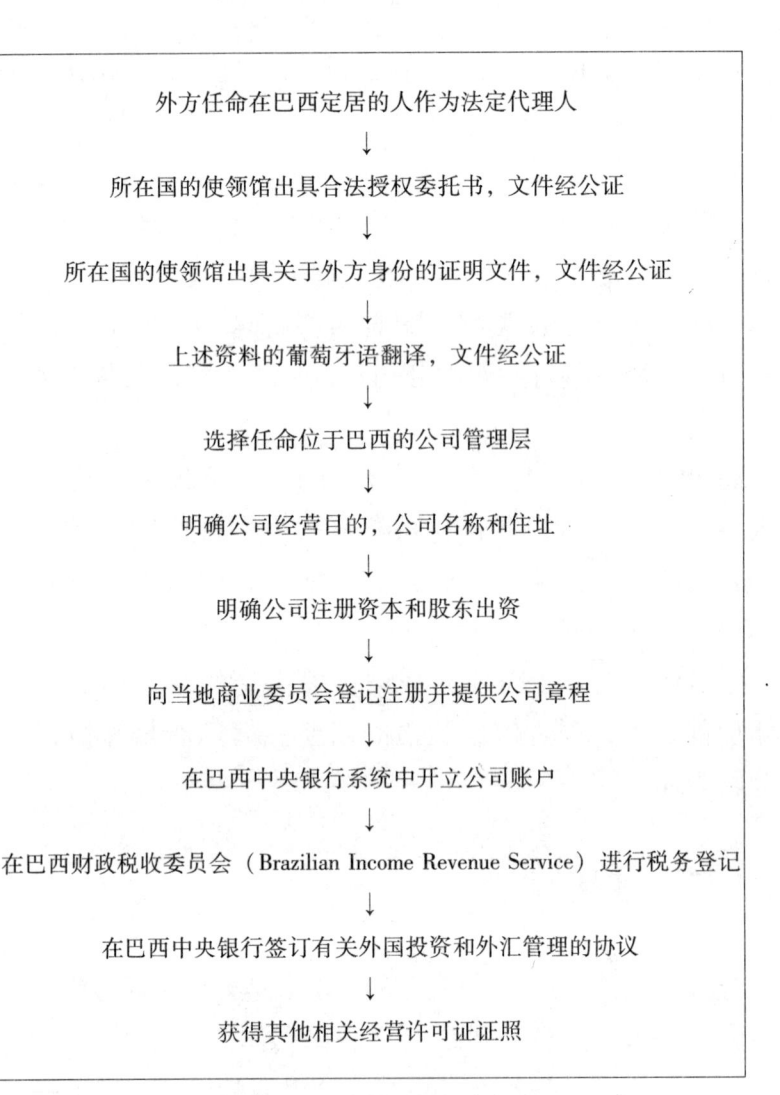

```
外方任命在巴西定居的人作为法定代理人
                ↓
所在国的使领馆出具合法授权委托书,文件经公证
                ↓
所在国的使领馆出具关于外方身份的证明文件,文件经公证
                ↓
上述资料的葡萄牙语翻译,文件经公证
                ↓
选择任命位于巴西的公司管理层
                ↓
明确公司经营目的,公司名称和住址
                ↓
明确公司注册资本和股东出资
                ↓
向当地商业委员会登记注册并提供公司章程
                ↓
在巴西中央银行系统中开立公司账户
                ↓
在巴西财政税收委员会(Brazilian Income Revenue Service)进行税务登记
                ↓
在巴西中央银行签订有关外国投资和外汇管理的协议
                ↓
获得其他相关经营许可证证照
```

图6-1 外国资本在巴西投资设立公司步骤

值得注意的是,法律规则和司法判决在某些情况下免除了商事公司的法律自治的适用,使得出资人丧失了原有的法律资格,对公司债务承担责任。出资人对公司债务承担责任的情形经常涉及法律资格的滥用,如偏离客观性或资产混淆。

第六章 巴西公司组织、知识产权与竞争法律制度

通常，在以下情况出资人会被确认缺乏法律资格，例如，负责管理公司的出资人未缴税，查明须支付公司的劳务债务，为了保护消费者和抵制公司破坏环境的活动。总之，现在趋向于严格控制公司法律自治对公司与员工之间以及消费者和政府之间的关系带来的影响。

由于巴西法律繁多，有关文件拟定、注册手续等事务最好委托熟悉公司注册业务的律师办理。按巴西习惯，在正式开业前，公司注册地址可暂用所聘请律师的地址，待公司办公地址选定后再更改。

从近年来中资公司的实践看，至少应从国内派三个人：公司的法定代表人（对外可称总裁或总经理），具有签字权；公司业务经理，协助总裁处理日常业务；财务经理，负责公司的财务。

三、风险防范建议

1. 初次到巴西开拓市场的国内企业应该根据项目情况进行公司组织形式的设计，来确定选择有限责任公司、股份有限公司等形式。根据项目合同模式设计、税收优惠等确定注册地址。

2. 一旦确定项目应尽快启动公司注册工作，因为巴西公司注册手续比较复杂，实体上的要求很严格，如对注册申请文件的要求非常严格，给注册申请人带来很大的负担，但在程序上留有很大的余地，行政部门经常规定"最少需要多少天完成审批"，并经常延长审批时间，这样就使申请人很难预测工作完成时间，可能会给工作造成被动；可以考虑利用中介公司，加快注册进度。

3. 公司注册后，尽快启动办理管理人员投资签证，最好雇用专门的签证公司协助办理。

4. 如果公司违反法律，滥用公司人格，违反了环境责任、劳工责任、税务责任、消费者权益以及经济秩序，法院可能会判决股东和管理人员承担责任。为避免巴西揭开公司面纱制度追究股

东责任，可以根据项目情况考虑选择第三国公司作为投资主体。

第二节 知识产权

一、概况[1]

对希望在巴西设立公司的外国投资者来说，第一步是使该公司所拥有或那些即将拥有的产品或服务的工业产权在巴西受到适当保护。投资者也应了解可能会影响公司工业产权的相关协议及合同。在巴西，受让、使用或转让工业产权需要通过技术转让合同。

依据巴西现行法律，技术转让合同被分为以下几种：
1. 专利权的使用；
2. 商标和地理标志的使用；
3. 技术供给；
4. 技术与科学的辅助性服务。

1996年5月14日，9279号法案《工业产权法》颁布，是巴西在知识产权领域的主要法律法规，其内容与国际知识产权领域实践和TRIPS协议（Trade-related Aspects of Intellectual Property Rights）相统一。随后有一系列知识产权类法律法规在20世纪90年代中期颁布，保护了无形资产或知识产权所有者的权利，并有效提高了政府部门在授予商标权、专利权方面的工作效率。

巴西是世界知识产权组织（WIPO）的成员国。世界知识产权组织是世界各国政府间的国际组织机构，也是联合国的专门机

---

[1] Centro de Estudos das Sociedades de Advogados, *Legal Guide for Foreign Investors in Brazil*, 2007《巴西外国投资者法律指引（2007年版）》, pp. 185~190。

构，总部设在日内瓦。巴西加入的国际知识产权保护公约主要有《巴黎公约》（1883年成立，129个签字国，涉及专利、商标和强制许可等）、《伯尔尼公约》（1886年成立，111个签字国，保护文学艺术作品）、《马德里协定》（1891年成立，商标国际注册）、《斯特拉斯堡协定》（国际专利分类）。

总体而言，巴西在知识产权领域的保护较一般发展中国家先进，与一些发达国家水平相当。可以说，巴西政府已经建立起了比较完整的知识产权保护法律体系。

二、知识产权管理机构

1. 巴西国家知识产权局（Instituto Nacional da Propriedade Industral，INPI）。巴西联邦政府1971年建立巴西国家知识产权局，隶属于巴西联邦工商贸易发展部，总部设在里约热内卢市。巴西国家知识产权局主要负责审查和批准专利申请，商标注册登记，审批引进技术等工作；所有涉外的知识产权许可、转让合同都必须在巴西国家知识产权局进行登记，而且是进行税收减免的必备条件。此外，计算机软件登记也在巴西国家知识产权局，即使对该软件权利的保护不能依赖于该登记，但登记的目的是为了保护计算机软件的版权。

2. 打击盗版和制止侵犯知识产权全国委员会，2004年10月成立，是一个由政府、企业、社会团体共同组成的机构。司法部常务副部长担任委员会主席，成员包括与知识产权有关的10个政府部门（联邦警察局、联邦公路局和联邦税务局等）和6个民间组织（包括4名相关产业部门的代表和2名国会代表）。该委员会专门负责打击盗版以及与盗版有关的偷税、逃税和侵犯知识产权犯罪的全国计划的制订和指导工作。

3. 巴西音乐学会，负责管理歌词的登记注册。

4. 巴西国家图书馆，负责管理文学著作的登记注册。

5. 里约热内卢联邦艺术学院，负责艺术作品的登记注册。

6. 联邦建筑工程及农业经济委员会，负责建筑设计的登记注册。

巴西的法律也保护版权，但与其他工业产权不同，艺术、文学、科学工艺的保护并不依赖于登记。

三、专利权

巴西是世界上最早建立专利制度的国家之一，但直到1945年才制定了第一部专利法。专利包括发明、实用新型和设计，若外国专利没有申请注册或者被授予专利，则可以被使用。

巴西政府根据《巴黎公约》和TRIPS协议的规定确立了专利的基本原则，诸如国民待遇原则、最惠国保护原则、保护公共秩序原则、社会公德原则、公众健康原则以及司法审查原则，等等。

发明人就其发明创造成果可以在巴西申请发明专利、实用新型专利或外观设计专利。获得专利权的实质性条件是具有完全的新颖性、创造性以及工业实用性。

化学物质、药品、营养品及其制造方法，合金、用原子核变换方法获得的物质或产品及制取方法、科学发现与理论、微生物、医疗技术、经营方法和计算机软件等不能得到专利保护。

对于专利申请的审批，采用早期公开（自申请日或优先权日起18个月即公开）、延迟审查（在公开后的24个月内申请人提出审查请求后再审查）和公众异议（在审查公布后的90天内，任何人都可以对该申请提出意见）制度。

专利保护期为申请之日起20年或授权之日起10年，实用新型专利则为申请之日起15年或授权之日起5年；强制许可的条件规定与 TRIPS 协议一致：自批准之日起 3 年内专利权人没有在巴西实施的，或者终止实施 1 年以上，政府可以采取强制许可。若专利批准后 4 年不实施，或订有许可合同 5 年不实施，或中止实施 2 年以上，即可宣布专利权失效。

四、商标

商标包括与产品、货物或服务有关的任何一个标记，以此来识别并使它们区分于其他相同类似种类。巴西法律规定有四种商标符合保护条件：产品、服务、证明和集体商标。地理标志作为一项特殊的类别。

巴西对商标的保护采取注册认定原则，只有经过注册登记的商标才受保护。只要未注册登记，巴西政府不予以保护。

巴西对商标的保护分为外国商标和巴西商标两类。外国商标按《巴黎公约》处理，即申请人在其本国或其他公约参加国申请日即为在巴西的申请日。巴西商标是符合巴西注册登记条件的商标。若一个商标符合巴西商标登记注册的条件，但并未依巴黎公约进行登记注册，或者商标申请人是非公约签署国时，该外国申请人可以申请巴西商标。

第 9279/96 号工业产权法的第 122 条规定："任何在视觉上具有显著特征、不被法律所禁止的标志，可以注册为商标。"在巴西，商标所有人必须将其商标在巴西国家知识产权局注册。注册商标的保护期限是自注册商标被授予之日起 10 年。届满后可以续展，保护期限不变。无正当理由商标自注册后连续 5 年不使用的即丧失注册商标权。

注册商标所有者享有在全国范围内独占使用权。商标注册人或者申请人有权转让其注册登记和注册登记申请，许可他人使用并维护其商标的完整性和名誉。驰名商标也同样受到保护。

五、版权

文学、艺术和科学作品受 1998 年实行的第 9610 号联邦法《版权法》保护。版权法采取 TRIPS 协议规定的"版权自动保护原则":所有的智力活动无论发表与否都受知识产权法的保护。版权法确认计算机程序和数据库受版权法保护。根据缔约国签订的国际条约规定,著作权无须在巴西登记注册即受到保护,保护期限为 70 年,自作者死亡之日的次年的 1 月 1 日起算,视听作品为首次出版后之日起 70 年内。

著作权主要包括财产性权利(如对作品的所有权、出版权、复制权等)和人身性权利(如署名权、保护作品完整权等),如下所述:

所有权:作者独占地享有其作品的使用权且不受限制,还可以授权给第三方使用(例如推销)。精神权利(人身权利):是指作者使其著作权为人们所承认,并防止其作品被扭曲或损毁性篡改的权利。此外,著作权人享有排他的使用权、出版权以及任何形式的复制权。

根据第 9610/98 号法律的规定,著作权人可以亲自或通过其代表单个地或集体地将著作权以许可、授权、转让或其他合法的方式全部或者部分地转让给第三方或其继承人。

六、软件

软件指由自然语言或编码语言组成的一系列指令的表达式,该表达式被存储在装置、工具或其他外围设备中,利用数字或类似技术,为自动机械处理数据,使其按着特定的方式和目的运转。根据巴西《计算机软件保护法》(第 9609/98 号)规定,将计算机软件纳入版权法保护范围,并且软件保护也不赖于任何预先登记。巴西国家知识产权局是巴西软件的登记管理部门。

计算机软件的保护期限是 50 年,自其出版的次年的 1 月 1 日起算,未出版的从创作之日起算。注册登记不是计算机软件受法律保护的必备要件,居住在国外的外国人(只要软件的原产国授予著作权)与居住在巴西的外国人和巴西人享有同等的权利。

七、商业秘密

商业秘密的保护由《工业产权法》第 195 条和《不正当竞争法》的刑事部分规定。此外,《巴黎条约》和 TRIPS 协议等国际条约也对商业秘密加以保护。商业秘密的法律性质在巴西争议较大,但是大多数的意见认为商业秘密应当纳入反不正当竞争法中加以保护。巴西反不正当竞争法规定,以合同或者雇佣关系取得后(甚至在合同终止后),在没有授权的情况下泄露、开发或者使用在工业、商业及服务业领域内通过违法或欺诈手段,直接或间接地获得商业秘密资料、信息或数据的行为均被视为是一种不正当竞争的犯罪行为。

八、特许经营

巴西《特许经营法》(1994 年第 8.955 号法案),通过强制特许经营者遵循某些程序,并充分披露潜在的加盟商,使加盟商在加入特许经营前,能够做出更明智的选择。因此,在签署正式特许经营合同前,特许经营者要求提供潜在的加盟合同要约,该要约包括特许经营的信息、特许事业、特许经营关系的条款，包括理想的加盟商的条件。

该法还规定，要约必须说明加盟商以什么条件在什么区域独家经营。它必须明确加盟商与购买土地、货物、服务等有关的义务，规定特许经营者所提供的培训和技术诀窍在协议终止后仍需履行的义务等条款。

在特许经营者正式使用特许经营合同文本前，该文本连同要约要经过初步审查。特许经营者必须遵守巴西反不正当竞争（反托拉斯）、消费者保护的法律法规和民商法中普遍适用的原则。

九、技术供给和技术与科学辅助服务

巴西现行法律规定了两种类别的技术服务合同，即技术供给和技术与科学辅助服务。两种类型的技术合同均需要在巴西国家知识产权局注册登记。

巴西国家知识产权局负责监督工业产权和技术转让。法律规定在巴西国家知识产权局登记后，合同的有效性可以对抗第三人。在维护巴西的国家主权、遵守公共秩序和道德的前提下，合同当事人可以自由协商合同条款。但是，这些合同登记取决于是否满足巴西国家知识产权局的下列要求：（1）遵守已实施的限制，如现行税收和外汇管制条例关于所得税扣除和外汇支付的限制；（2）成本描述和技术员每小时薪酬的描述；（3）服务期限或履行的证明等。

技术转让和技术服务合同在巴西国家知识产权局的注册登记是巴西公司向国外支付技术转让费、技术服务费的前置必备程序。从巴西向海外支付技术转让费和/或技术服务费时，巴西中央银行要求提供巴西国家知识产权局注册的技术转让和技术服务合同。

十、半导体拓扑图

半导体,也称为微芯片,是由半导体材料组成的多功能微电子器件。半导体拓扑图代表了这些元素的位置,并连接在一个单位上。巴西在 2007 年第 11.484 号法律建立了半导体拓扑图的知识产权保护。基于这部法律,巴西开始考虑将半导体和其拓扑图作为知识产权的一部分。

所制定的法律旨在保护拓扑或半导体产品的设计和创造。该保护期为 10 年,从巴西国家知识产权局接受申请之日或第一次使用时开始计算。

十一、风险防范建议

在巴西经营企业应重视知识产权保护,尽快完成公司的商标和标识在巴西工业产权局的注册。同时,检查在巴西境外购买的一些工程类设计软件的使用权限是否能够在巴西境内使用,确保专业软件使用权合法。技术合同是否需要在巴西国家知识产权局注册备案,可以通过信函方式咨询巴西国家知识产权局的意见。

第三节 竞 争 法

一、概况

巴西当代竞争政策始于 1994 年实施的竞争法,该法创立了巴西竞争政策系统（BCPS）及其下三大竞争主管机构。巴西司法部经济法律局（SDE）管辖垄断协议和滥用市场支配地位行为，巴西保护经济管理委员会（CADE）负责企业并购反垄断审查，巴西财政部经济监控局（SEAE）承担与反垄断相关的一些调查、咨询、经济分析和市场监控职能。2003年以来，巴西进一步消除了三个主管机构之间职能重叠的问题。关于垄断协议，巴西竞争法律确定的突击检查以及宽大处理制度有助于对卡特尔等垄断行为的调查。同时巴西联邦和州的公诉人可联合竞争主管机构对卡特尔等垄断行为提起刑事起诉。关于企业并购，尽管缺乏并购前申报制度，"快轨"程序的引入提高了并购反垄断审查效率。

二、1994年《竞争法》（8.884/94法案）

1994年6月，新的《竞争法》获得通过实施，该法将之前零散的竞争法律简化并统一在一部法律规则体系当中。1995年6月29日通过的9.096号法案对1994年《竞争法》作出修订，建立了巴西反垄断、自由竞争和限制滥用经济权利等原则。因此，法案中含有关于违反经济规律的条款，如垄断地位下的权利滥用和不公平商业竞争等。

最为重要的是，《竞争法》将巴西保护经济管理委员会的地位提升为一个独立的联邦机构，任何被怀疑带有垄断性质的法案或协议，都必须通过巴西保护经济管理委员会的审查和批准。此外，如果并购、合资行为导致超过特定的市场占有率或年度销售额标准的，都要通过巴西保护经济管理委员会的审查和批准。

巴西保护经济管理委员会由6名成员和1名主席组成，主席在获参议员同意后由总统任命，每届任期2年，允许1次连任，负责企业并购反垄断审查。巴西保护经济管理委员会的相关辅助

第六章 巴西公司组织、知识产权与竞争法律制度

性机构有首席检察办公室、司法部经济法办公室、财政部经济保护秘书处。

巴西保护经济管理委员会主要职责：调查违反经济秩序行为并按照法律规定对违反经济秩序行为进行处罚；采取措施限制违反经济秩序行为；有权要求联邦、州、市政府遵守竞争法；提供有关竞争行为的咨询；对公众进行违反经济秩序行为教育等。

巴西司法部经济法律局主要职责：确保竞争法执行为，监督可能的违反经济秩序的控制市场行为；制定调查违反经济秩序行为程序；启动违反经济秩序行为的初步调查并提交巴西保护经济管理委员会决定；采取预防违反及经济秩序行为措施，执行巴西保护经济管理委员会有关决定等。

《竞争法》规定，就那些在国外实施的对巴西造成影响的垄断行为，巴西保护经济管理委员会有司法管辖权。依据2000年12月21号10.149号修正案，在巴西的外国公司的一切分支机构、代表处、子公司、办事处等都应被视为在巴西领土范围之内管辖。

如果企业兼并收购行为能够证明有助于提高生产力或其在相关市场的竞争性没有被实质性减少，巴西保护经济管理委员会只要求企业提供必要的报告即可。如果交易活动被巴西保护经济管理委员会认可，则交易方的行为必须与报告中的承诺保持一致。如果违反报告中的承诺，将会受到罚款甚至刑事处罚。最后，巴西保护经济管理委员会的决定并不能通过包括总统在内的其他任何行政部门或司法部等行政渠道执行，只能通过法院直接提起上诉。

公司的经营管理者对其公司违反竞争法的行为负有连带责任。在同一集团下的公司或实体，对其违反竞争法的行为也将负有连带责任。公司股东因滥用权力违法，违反公司章程造成违反经济秩序行为，公司股东应当承担连带责任。

《竞争法》第20条规定，造成以下四种情况会被视为违反竞争法：

- 任何对自由竞争和私有企业自由经营产生限制或妨害的

行为；
- 对相关市场形成控制或垄断；
- 通过控制价格提高公司利润；
- 形成垄断性机构或组织形式，滥用控制地位。

如果一个集团或公司控制了20%的相关市场份额，或资产负债表上的年收入达到4亿雷亚尔会被视为垄断，就要通过巴西保护经济管理委员会的审查。

需要注意的是，依据竞争法的严格规定及20条所列明的范围，企业无论是故意或是过失，只要被证明造成对上述4条中任意1项的违反，包括与竞争者勾结、划分市场、设立市场准入障碍、价格控制和任意涨价等行为，都要承担违法责任。

如果公司被判定违反经济秩序，将被处以上年度总收入1%～30%的罚款，承担责任的公司管理者将被处以公司被处罚额的10%～50%的罚款。如果继续违反经济秩序行为，罚款数额将翻倍。如果公司严重违反经济秩序，在不影响罚款的情况下，还可以在新闻媒体上连续1～3周公布违反经济秩序行为的决定（违反者支付有关费用）；禁止参与公共项目招标；在消费者协会登记；建议有权机关吊销许可证；对违反经济秩序行为者进行拆分等。

巴西司法部经济法律局有权对涉嫌违反经济秩序行为进行预调查，预调查应在60天内完成，然后决定是否启动行政处罚程序，涉嫌违反竞争法的单位可以在收到行政处罚通知的15天内进行答辩，如果在15天内没有答辩则视为认可巴西司法部经济法律局的决定。如果答辩后，对巴西司法部经济法律局的决定仍然不服，可以向巴西保护经济管理委员会提出复议。

企业或公司间的合并，在协议达成的15日之内，必须告知巴西司法部经济法律局，期限内未告知的，会受到处罚。巴西司法部经济法律局在收到关于企业合并的通知后，会立即向巴西保护经济管理委员会和巴西财政部经济监控局抄送。巴西财政部经济监控局将会在 30 日内向巴西司法部经济法律局出具技术性报告，就该合并行为提出意见。随后巴西保护经济管理委员会会在 30 日内做出批准与否的决定，30 日内未作表示的，则视为同意。

三、巴西竞争法的发展现状

当前巴西竞争法律和政策执行中存在的主要问题，突出表现为人手不足且人员流动频繁，如巴西保护经济管理委员会没有长期专业雇员；巴西司法部经济法律局也缺乏人员，造成反垄断调查的积案。此外，对于竞争主管机构决定的司法诉讼往往需要数年时间，这可能会影响有关审查决定的执行。

2011 年 11 月 29 日竞争法改革法案获得通过，2012 年 5 月 29 日起正式生效执行。新法案将巴西竞争政策系统的数个竞争主管机构合并为一个机构并为其配备相当数量的新人员，同时实施企业并购前申报制度。根据新的竞争法改革法案、企业间的并购行为必须在达成协议前报巴西保护经济管理委员会预批准。否则巴西保护经济管理委员会有权决定协议无效并给予 6 万 ~ 6 000 万雷亚尔的罚款。巴西保护经济管理委员会将在 240 天内（可以最多延长 90 天）做出是否批复决定。改革法案是对 1994 年《竞争法》的补充和完善，改革法案未涉及的部分仍然适用《竞争法》。

第七章

巴西财税金融法律制度

第一节 税收制度

一、概况

1988年10月5日颁布实施的现行联邦宪法（CF/88），赋予联邦、州和市级政府征税的权力。巴西在税收方面的主要法律有：1966年联邦税法、1995年第9249号法令、1996年第9430号法令（转移定价规则）、1999年第3000号法令。税法为制定法，法院的判例可以解释税法但只约束案件的当事方。

巴西税收的种类分为：税金、规费、社会税捐、其他捐项和强制贷款捐项。

1. 税金：依联邦宪法（CF/88）赋予联邦、州和市政府的职权和征收范围，由相应层级的政府进行征收。

2. 规费：属于政府单位的职权，通常因下列原因而征收：

警察执行职务；为纳税人提供的服务项目；供纳税人随时使用的特殊、可分割的公共服务项目。还有一种规费称为改善规费，系不动产业主因施工而使用公共设施而产生的费用（实践中较少施行）。

3. 捐项：只能由联邦政府征收，内容包括法人盈利捐、经济领域干预税、为职业或经济部门利益的捐项、社会保障贷款的捐项。

4. 强制贷款捐项：只能由联邦政府制定，适用的情形为：在公共紧急投资和对于国家有重大意义时；或因天灾、战争而必须应付额外开销时。

巴西的税种按征税主体分为：联邦税、州税、市税。税收征管机关分别是联邦税务总局（隶属于财政部）、州税务局、地方税务局。纳税年度为公历年，纳税申报必须在每年6月的最后一个工作日完成。

二、税收种类

（一）联邦税

下列税项只有联邦政府有权征收：进口税（II）、出口税（IE）、所得税（IR）、工业产品税（IPI）、金融操作税（IOF）、农村房地产税（ITR）。

1. 进口税（II）。根据不同的商品，进口税率不同。进口税率在0~35%之间，目前平均税率为17%。一般原材料税率很低或为零，如耐火材料为5%，资本产品也较低，为5%；日用消费品一般为20%~30%。税基为进口商品的到岸价格（CIF，成本，保险费加运费）。

巴西和阿根廷、乌拉圭、巴拉圭属于南方共同市场成员国，彼此之间进口原产于南方共同市场成员国的商品，免征进口税，但允许成员国制定例外商品清单。南方共同市场和玻利维亚、哥伦比亚、智利、厄瓜多尔、秘鲁、委内瑞拉（已经签署南方共同体协议，目前需要等巴拉圭议会批准）、墨西哥签署协议，南方共同市场成员国进口来源于上述国家的商品减免关税。2007年12月南方共同市场与以色列签署自由贸易协议，以色列已经和加拿大、墨西哥、欧盟、美国签署自由贸易协议。有利于南方共同市场商品出口到上述国家。

2. 出口税（IE）。为鼓励出口，出口税征收的范围极窄。

3. 所得税（IR）。所得税分为个人所得税和企业所得税。个人所得税主要对居民个人来源于本国或外国的收入和资本收益进行征收，税率为0～27.5%（根据所得额而异），每年变化。

税收减免。月扣除项目：社会保障税支出、养老金支出、法院判令支付的赡养费、抚恤费、子女抚养费。年扣除项目：教育费用、医疗费用、退休金支出、公益捐赠、赡养费抚育金、文化体育活动支出等。这些可以扣除项目的具体数额，每年变化。

巴西个人一般为每年的4月30日前申报上一纳税年度的应纳税额，联邦税务机关根据申报计算应补缴税额或应多交税额。没有按期申报者将面临罚款以及进入纳税"黑名单"。

企业所得税主要对企业来源于本国或外国的收入和资本收益进行征收。经调整后应税所得总额在24万雷亚尔以下时，税率为15%，超过的部分额外征收10%。[①]

4. 工业产品税（IPI）。适用于工业产品的出厂、进口，是一种商品增值税，允许用购买原材料、中间产品和包装材料时的进项税来抵偿。但是，固定资产的进项税不可用来抵偿。税率因产品的重要性而异，从0～330%不等，平均税率为10%。工业产

---

① 商务部：《对外投资合作国别（地区）指南（巴西）（2011年版）》，2011年9月，第69页。

品税不适用于出口业务,进口商品工业产品税的税基为商品的CIF价格加上进口税。

5. 金融操作税(IOF)。用于银行贷款、汇兑外币、保险或有价证券等业务的税率随业务种类而异。如果巴西企业从国外贷款,贷款期限超过5年免税,5年以内应缴纳6%的金融操作税。如果是直接投资仍需缴纳金融操作税,税率为0.38%。

6. 农村房地产税(ITR)。根据土地面积与使用程度而异,税率在0.03%~20%。例如,超过5 000公顷的土地,使用程度在80%以上,税率为0.45%;如使用程度在30%以下,税率为20%。

(二) 州和联邦特区税

1. 商品流通服务税(ICMS)。商品流通服务税是主要的州税,适用于商品流通运作(包括整个制造、销售过程以及进口),跨州跨市运输以及通讯等服务。商品流通服务税是一种增值税,允许纳税人用购买原材料、中间产品和包装材料时的进项税来抵偿。固定资产的进项税在抵偿时受到一定限制。交易发生在同一州或进口税率为17%~19%,其中里约热内卢州税率为19%;圣保罗州、米纳斯吉拉斯州、巴拉那州的税率为18%,其他州的税率为17%。2012年4月26日联邦公报公布议会2012年第13号解决方案,将进口产品跨州交易的商品流通服务税税率下调至4%,新规则已于2013年1月1日起生效。对于出口业务不征收此税。汽车销售,通讯、电力的税率为25%。

对于进口货物商品流通税的税基为商品到岸价格(CIF)加进口税纳税额、工业展品税纳税额、社会一体化税和社会安全费纳税额。商品流通税可以抵扣。

2. 遗产和馈赠税(ITCMD)。不同的州,税率不同。

3. 车辆财产税(IPVA)。对小汽车、卡车等征收的税,不同的州根据车辆价值征收税率不同。

（三）市税

1. 社会服务税（ISS）。对代客加工的加工费、维修费、劳务费等征税，一般税率为2%～5%。具体税率根据公司住所地，服务提供地以及具体的服务项目而定。在巴西经常有争论服务税到底应该缴纳给公司住所地还是服务提供地。一般来说服务提供方为服务税纳税人，但有些城市要求服务接受方代扣服务税。

2. 城市房地产税（IPTU）。房地产税根据建筑面积、占地面积和价值计算。可一次或分期支付。不同的城市税率不同，一般该税的纳税人为房地产所有人，也可以是承租人。

3. 不动产转让税（ITBI）。税率为2%～6%不等，公司的重组涉及不动产过户的不需要缴纳该税。

（四）社会税捐

联邦政府可以征收下列社会税捐来为社会保障基金筹款。

1. 法人盈利税捐（CSLL）。以企业所得税税前利润为征税基础，根据商业法和有关法律进行调整，当前税率为9%，金融机构为15%。

2. 社会保障基金税（CONFINS）。以销售货物和服务所得的毛收入为征税基础，按月征收。当前税率为3%或7.6%，根据法律规定，前者为累计性，后者为非累计性，不适用于出口业务。一个公司中涉及的纳税收入适用不同的计税方式应该分开计算纳税。

3. 社会一体化税（PIS）。以销售货物和服务所得的毛收入为征税基础，按月征收。当前税率：企业为0.65%或1.65%，根据法律规定，前者为累计性，后者为非累计性。一个公司中涉及的纳税收入适用不同的计税方式应该分开计算纳税。出口货物收入免纳该税，进口货物需要交纳该税。

4. 经济产业所有权的干预税（CIDE）。适用于国内燃油市场的进口、销售及向外国居民支付相关技术转让或购买报酬，税率为10%。

三、主要税收制度及相关法律法规介绍

（一）企业所得税（IRPJ）

1. 纳税人。巴西居民企业需要就其境内外的全部所得缴纳企业所得税。居民企业是指按照巴西法律注册成立并且实际管理机构在巴西的公司。

2. 计税依据。企业所得税和法人盈利捐的课税依据为企业的应纳税所得额，即为按照税法进行调整后的账面净收入。巴西居民企业可以选择按照下面一种方法计算的应税利润支付企业所得税：

（1）收入总额的一定比例；

（2）会计记录的实际所得。

通常以企业经营活动产生的净利润为应税收入，其他可采用的方法包括名义利润和预计收入。应税收入相当于根据季度或者年度财务报告中的净利润，并通过所得税法规定的相关增加或扣减项调整后得出。

3. 税率。企业所得税的基本税率为15%，年度应税利润超过24万雷亚尔，另增课10%。企业利润的有效税率总额为34%〔25%的企业所得税（包括10%的附加税）加上9%的法人盈利捐〕。

4. 应税收入。企业所得税和法人盈利捐的应纳税所得额，为按照税法调整后的账面净收入。一般来说，对于按照实际所得计算企业所得税的公司来说，费用和成本都按照权责发生制进行抵扣。存在一些特殊情况，如汇兑损益及巴西法规没有明确列示的准备金，例如，坏账准备就不能抵扣。

5. 税前列支项目。一般来讲，营业费用若满足下列条件即可抵扣：此类费用对公司的经营活动来讲是必要的、经常发生的且常见的；此类费用实际已经发生；此类费用有适当的凭据证明。

损失可以无限期向后结转，但是每个纳税期限内，弥补亏损的最高限额为当期应纳税所得额的30%。亏损不能向前结转。

国外税收抵免适用于巴西公司在境外支付的所得税。一般来讲，国外税收抵免额以该境外所得按照巴西税法计算应缴纳的巴西企业所得税和法人盈利捐为限。

6. 税收协定。通常，巴西法人企业支付给其他国家的税款，可以就同一境外所得抵减巴西所得税。巴西与中国签订了双边税收协定。

对于外国人（法人或自然人）在巴西取得的收入，巴西联邦税务部门有权代扣15%～25%的所得税，具体税率根据所在国是否跟巴西有税务协定而定，一般为15%。如果外国人位于巴西认为的避税天堂国家或地区，代扣税率为25%。

（二）商品流通服务税（ICMS）

商品流通服务税由巴西各州征收，税率亦由各州确定，但是巴西联邦政府会制定最低税率。

商品流通服务税适用于下列在巴西进行的交易，即使交易在境外开始：

——货物流通；

——货物进口；

——提供州之间和城市之间的运输劳务；

——提供通讯服务；

——提供电力。

产成品和原材料出口不征收商品流通服务税。

1. 纳税人。商品流通服务税的纳税人是指经常进行货物流通、货物进口、提供通讯劳务或提供州之间和城市之间运输劳务的任何自然人或法人。无营业额高低的限制。

2. 税率。交易发生在同一州或进口税率为17%～19%之间，其中里约热内卢州税率为19%；圣保罗州、米纳斯吉拉斯州、巴拉那州的税率为18%，其他州的税率为17%，跨州运作随目的地适用4%。商品流通服务税税率也可能为0。低税率一般适用于基本必需品，如食品。此外，一些项目，如药物，免征商品流通服务税。

进口货物的商品流通服务税税率与州内提供货物的税率相同，出口货物不需要缴纳商品流通服务税。

3. 抵扣。商品流通服务税纳税人可以抵扣进项税额，也就是说，接受商品或劳务供应而缴纳的增值税可以因提供供应而获得抵扣。进项税额一般通过抵减销项税额而得到弥补，销项税额为提供商品或劳务而收取的增值税。商品流通服务税在纳税人开始提供应税商品或劳务之前，不可以进行进项抵扣。

（三）社会服务税（ISS）

社会服务税是由巴西各城市征收的销售税。提供各种不缴纳产品服务流通税的劳务，适用该税种。大概的应税劳务由联邦法律（补充法）规定，具体的劳务由各城市立法规范。

通常，社会服务税缴纳给劳务提供方所在的城市，但是建设劳务除外。建设劳务的社会服务税缴纳给建设劳务发生地所属的城市。

1. 纳税人。社会服务税纳税人为经常提供社会服务税法上规定的任何劳务的自然人或法人。

2. 税率。不同城市的社会服务税税率不同。巴西有5 564座城市。社会服务税法规定最高税率为5%。社会服务税税率一般为2%~5%，取决于劳务的类别和劳务供应地。

3. 抵扣。社会服务税纳税人不可以抵扣支付的社会服务税（进项税额）。因此，支付的社会服务税对于所有应税劳务接受方来说，是一项成本。

（四）转让定价

巴西转让定价规则适用于巴西公司和外国关联方之间的跨境交易。巴西公司和低税率辖区居民企业之间的交易也受转让定价规则的约束，即使它们不是关联方。巴西转让定价规则通常不遵从经合组织协定范本中对转让定价指导方针的规定，也不遵从美国的规定。例如，巴西转让定价规则对关联方之间的交易采用固定利润率。安全港标准可以适用于巴西的出口。

巴西财政部2012年4月15日颁布的第563号临时措施为巴西的转让定价法规带来了重大的改变。新规则从2013年1月1日起开始生效，纳税人可选择对2012年1月1日起与境外关联方进行的交易采用新的转让定价计算法。

新的法规根据纳税企业从事的经济行业提供了更为灵活的利润率。根据新法规，无论进口的产品是用于工业生产或直接转售，在一般情况下，用于计算参照价格的利润率为20%（根据之前的规定，工业生产企业需按照销售价格的60%为利润率计算其参照价格，转售则需按照20%利润率计算参照价格）。

在关联企业间的贷款协议中，若巴西企业为贷款方，则需遵守转让定价的规定,无论该贷款协议是否在巴西中央银行登记。可抵扣的利息费用的上限将以伦敦银行同业拆进利率(LIBOR)的美元存款的半年利率为基础。之前规定的3%的利差(即LIBOR+3%)改为由财政部于每年公布市场的平均利差。

四、税收征管

巴西的税收按行政划为联邦税、州税(州税有44种)、市税三级,其缴纳比例分别为63.5%、23.5%和13%。政府对税收采取分级征收和管理的办法。此外,企业还要交纳各种社会性开支。

所有公司(包括外国公司)要申领纳税登记证号(Tax ID或CNPJ),外国公司应当任命一名本地税务代理人。

(一)纳税人

根据1999年的法律3000号第2条,在巴西居住和登记的人都必须支付所得税和资本收益。在某种情况下,在国外居住和登记者需支付其在巴西获得的收入和资本收益的税,这是一项基本原则。

对于移居巴西的外国人来说,其税务待遇根据其签证类型各有不同。法律上假设持有永久签证的外国人和临时签证的外国人的住所地已转移到巴西。

持永久签证的外国人,自其进入巴西之日起,其所得税的缴纳与其他巴西居住者相同。

以雇佣关系进入巴西的临时签证持有者,自其进入巴西之日起,其纳税方式与其他巴西居住者相同。以其他原因进入巴西的外国人,一旦其12个月内在巴西连续或累计停留满183天,即为巴西居住者。在此期间,他在巴西所得收入将被以属地课税。

（二）违反税法处罚措施

1. 金钱罚。

（1）延迟缴纳：每天0.3%的罚金，最高不超过20%；正常利息外再加1%的利息。

（2）欠税：75%的罚金（如果证明是恶意拖欠，适用150%的罚金）。

2. 行为罚。

（1）拖欠联邦税或社会保障税的公司不得派送红利股或向股东、合伙人、董事、管理委员会成员分配利润。

（2）拖欠税款的公司不得参与任何政府采购竞标。

（3）其他限制（如公司为其外国雇员申请工作许可时会受到限制）。

五、税收扣除和优惠政策

巴西联邦、州、市政府有权给予权限范围内税收优惠措施（联邦政府税收优惠措施主要为了促进出口、欠发达地区发展、国内个体经济发展，州市政府主要为了促进当地就业等目的），外国投资者根据投资项目可以选择具体投资所在地。

（一）东北部地区（ADENE）、亚马逊地区（ADA）

主要优惠政策包括在新建项目进口设备时免征联邦税；部分减免公司所得税；纳税人可以将不超过其应纳所得税额的24%投入该区域，视为已履行该份额纳税义务（需要获得ADENE当局批准）。

（二）马瑙斯免税区

主要优惠政策包括减免公司所得税；区内实行保税政策（进口设备在区内使用，则适当减免关税）；免征进口货物和区内生产商品的货物税。但是，外国公司必须雇佣当地劳工、引进新技术、提高效率、进行利润再投资，不得汇出国外。

六、巴西所签订的避免双重征税协定

巴西已与阿根廷、奥地利、比利时、加拿大、智利、中国、捷克、丹麦、厄瓜多尔、芬兰、法国、匈牙利、印度、以色列、意大利、日本、卢森堡、墨西哥、荷兰、挪威、菲律宾、葡萄牙、斯洛伐克、南非、韩国、西班牙、瑞典和乌克兰签署了避免双重征税协定。

中国和巴西于1991年8月5日签订了《关于对所得避免双重征税和防止偷漏税的协定》。巴西居民从中国取得的所得，按照本协定规定在中国就该项所得缴纳的税额，应在对该居民征收的巴西税收中抵免。但抵免额不应超过对该项所得按照巴西税法和规章计算的巴西税收数额。中国居民从巴西取得的所得，按照本协定规定在巴西就该项所得缴纳的税额，应在对该居民征收的中国税收中抵免。但抵免额不应超过对该项所得按照中国税法和规章计算的中国税收数额。

七、税务法律风险防范建议

在巴西，为避免可能的税务风险建议如下：
1. 外国企业在巴西开展任何项目前需要雇用有经验的律师、

会计师事务所进行项目税务策划,合同模式设计。项目合同谈判中最好增加税务变化引起项目成本增加或减少,相应增加或减少合同金额的规定。

2. 按时缴纳各项到期应交的税款。

3. 项目执行过程中产生的财务文件应妥善保管至少5年。根据法律规定5年内税务当局有权进行税务检查,如果提供不了支持文件,需要交双重税。

4. 项目执行或公司运作过程中,如果对一些税务问题拿不准,可以向税务机关进行咨询。税务机关的回答对咨询的具体税务问题有约束力。

5. 财务部门应及时与法律部门沟通,特别是税务检查时,所有的答辩意见应经专业的税务律师审查。

第二节 金融制度[①]

一、金融业概况

巴西的金融法律渊源来自1964年4595号法令,即《银行法》。巴西的金融体系是20世纪60年代中期参照美国模式建立的。处于顶端的是"国家货币委员会",以财政部长为首,通过对中央银行和巴西银行的监督来掌握国家的金融政策。1998年前银行业与证券业分业经营,之后引进混业经营模式,创建全能型银行。

---

① Goyos, *Legal guide: Business in Brazil*, 7th edition, 2008.

（一）银行法

1964年12月31日第4595号法令及其修正案，旨在规范巴西国家金融制度，为现行金融体系构建一个整体框架。根据第4595号法令第17条规定，任何"公法人或私法人，如果其主营业务或附属业务涉及己方或第三方巴西货币或外币金融资产的价值评估，中介服务或使用利用，以及从事第三方财产管理的"都可被认定为金融机构。除此以外，《银行法》还规定，任何个人经常或临时从事上述活动的，也应以金融机构身份对待。

依据《银行法》的规定，巴西金融体系包括：

1. 国家货币委员会（Conselho Monetário Nacional）；
2. 巴西中央银行（Banco Central do Brasil）；
3. 巴西银行（Banco do Brasil S. A.）；
4. 国家经济和社会发展银行（Banco Nacional do Desenvolvimento Econômico e Social – BNDES）；
5. 其他公共和民间金融机构。

巴西的金融监管机构主要有巴西财政部、国家货币委员会、巴西中央银行（BACEN）、联邦税务总局（RF）和证券委员会（CVM）。

（二）国家货币委员会[①]

国家货币委员会是为巴西的经济和社会发展制定货币和信贷政策的职能部门。国家货币委员会由财政部长任主席，计划预算部长和巴西中央银行行长为成员。至少每月召开一次会议。

国家货币委员会是巴西货币的主管部门，因此要负责纸币发

[①] Centro de Estudos das Sociedades de Advogados, *Legal Guide for Foreign Investors in Brazil*, 2007《巴西外国投资者法律指引（2007年版）》, P. 55。

行的授权和纸币特性的规定。同时，国家货币委员会负责制定外汇政策规范和准则，批准货币预算，规范所有形式的信贷业务，以及规范金融机构的设立、运营和清算。

除以上职能以外，国家货币委员会还负责发布利率、贴现率、银行服务业佣金和收费标准，以及货币汇兑和互换，固定限制、费用、期限和其他方面的法律法规。

巴西中央银行是货币委员会的执行机构，根据全国货币委员会批准的条件和限度发行和回笼货币，进行再贴现和向金融机构贷款，控制信贷，管理外国资本，代表巴西政府与国外金融机构进行联系和交涉。

二、巴西金融体系

（一）金融机构总则

第 4595/64 号法令第 18 条规定，金融机构只有在巴西中央银行的授权下才能在巴西开展业务，如果是境外金融机构，还需遵守行政部门的法令。

该法第 10 条规定，只有巴西中央银行有权批准金融机构：在巴西营业；设立或转移机构总部或营业场所，包括向国外迁址；重组、合并、兼并或征收；开展外汇和实际信贷交易业务，以及日常联邦、州府或市政债券、股票、公司债券、按揭贷款和其他信贷工具或有价证券的存储业务；延长经营期限；修改机构章程。

2002 年 11 月 28 日，国家货币委员会颁布第 3040 号决议，规定了巴西金融机构设立、批准、控制权转移、重组以及注销的条件和流程。

为便于巴西中央银行更有效地评估金融机构的商业目的，组织结构和经营结构，现行规则在第 3040 号决议颁布后添加了新的条文规定。

第3040号决议的主要创新之处在于金融机构的设立和核准方面：
(1) 设立中的金融机构需准备一份商业计划书，详细介绍机构组织结构、内部控制细则和机构战略目标；(2) 经巴西中央银行核准，可通过联邦税务总局或其他公共的或民间的数据库获取该金融机构所有控股集团和股东的详细信息；(3) 控股股东或控股集团的经济能力应与机构的规模、性质和目标相一致；(4) 有关公司治理规范的规定，包括激励机制和薪酬政策等细节规定，都应得到遵守。

（二）巴西中央银行

巴西中央银行的职责是专门登记所有外资，它与资产带入国内的程序无关。它对以下交易实行纪录：

1. 不论以现金或货物形式进行的直接投资和贷款；
2. 资本汇付、资本收入、利润、股息、利息、分期偿还以及技术相关的版税，或任何意义下显示出的利润转移向外国的汇款；
3. 外国利润的重新投资；
4. 对于公司资本增长，依据现行法律的规定办理。

巴西中央银行规定，一切外国投资货币，都必须兑换成其本国货币雷亚尔，不得开设外币账户。

完成登记后，外国投资者被准许向国外汇出其利润及红利。

对于投入金融机构的投资须经巴西中央银行的批准，登记前须经巴西中央银行金融系统组织部门的预审。

对以巴西货币投资于巴西公司的新外资，须在巴西中央银行登记注册。

(三) 巴西银行[①]

在第 4595/64 号法令颁行之前，巴西银行作为一家私有银行，一直行使着中央银行的职能。巴西银行现在已成为一家商业银行，但是巴西银行的经营活动异于其他商业银行，它充当着政府实施金融和信贷政策的工具。

依照现行法律规定，巴西银行行使以下职能：

1. 作为国库的财务代理机关；
2. 国家货币委员会根据巴西中央银行的建议，明确授权巴西银行，作为联邦政府及其政府机构银行服务的主要提供者，可专门吸纳联邦实体提供的资金；
3. 执行支票和其他票面结算业务；
4. 维护各个金融机构账户，吸纳金融机构的自愿存款；
5. 专门吸纳与法人资本认股款相关的存款；
6. 在国家货币委员会规定条件下，使用本银行账户和巴西中央银行账户买卖外币；
7. 主管巴西中央银行利息收支及其他利息业务；
8. 根据相关立法，为中小农业资产的购置融资；
9. 为工业和农业活动融资；
10. 依照国家不同地区信贷条件和进出口融资规定，推广和引导信贷业发展，包括商业信贷活动，使之与银行业务网络中的信贷活动一起推动经济活动的融资水平。

(四) 国家经济和社会发展银行

根据第 4595/64 号法令规定，国家经济和社会发展银行是执

---

① Centro de Estudos das Sociedades de Advogados, *Legal Guide for Foreign Investors in Brazil*, 2007,《巴西外国投资者法律指引 (2007 年版)》pp. 56 ~ 57。

行联邦政府投资政策的公共金融机构。国家经济和社会发展银行拥有两个附属机构：BNDESPAR，以促进证券市场发展、投资为目标；FINAME，是出口融资业务的管理者。

（五）民间金融机构

总体来说，民间金融机构只能以股份公司形式设立。

民间金融机构应当以巴西货币缴足初始资本。其随后扩充的资本，也可在国家货币委员会规定的限额内，通过机构注册成立时的储备金或者累计利润来支付。

根据第 3317/06 号通告的规定，如果境外金融机构参股国内民间金融机构，需向巴西中央银行提交申请，披露以下信息：

（1）外资所占股份；（2）外资参股对巴西经济的重要性；（3）境外金融机构的业务介绍；（4）外资参股对境外机构本身的重要性；（5）境外机构及其经济组织的资信等级；（6）与之有合作的其他境外机构对该机构的评价；（7）该机构的国外监督管理机构给予的评价；（8）巴西中央银行要求提供的其他信息。

（六）综合银行

根据巴西国家货币委员会第 2099/94 号决议的规定，综合银行是指以股份公司形式设立，经营两项以上下述业务的民间或公共金融机构，且两项之中必有一项是商业或投资业务：

1. 商业；
2. 投资和/或开发，后一项仅限于公共银行；
3. 房地产信贷；
4. 信贷、融资和投资；
5. 融资租赁。

（七）商业银行

商业银行是以股份公司形式设立的民间或公共金融机构，经营信贷工具贴现业务、外汇业务、信贷账户开户、资产管理、各种形式的资金收支、员工解雇基金存储以及巴西中央银行独家授权的外汇业务。商业银行的最低注册资本金为1 750万雷亚尔。

（八）投资银行

根据巴西国家货币委员会第2624/99号决议规定，投资银行是以股份公司形式设立的民间金融机构，主营中型和较大型投融资业务，为私营公司提供资本。这些资本来源于银行自有财产，以及吸纳、中介和申请使用的第三方资产。法律规定投资银行的名称中应包含"投资银行"字样。

（九）开发银行

根据巴西国家货币委员会第394/76号决议规定，开发银行是以股份公司形式设立的，总部设在各州首府，控股权掌握在州政府手中的非属联邦的公共金融机构。开发银行的名称应包含"开发银行"字样，且紧随其后是其总部所在州州名。

开发银行的首要目标是为所在州的发展项目提供充足的资金，促进当地的经济和社会发展，特别是要促进当地私营经济的发展。

（十）信贷、融资和投资公司

信贷、融资和投资公司最初是在1959年的巴西中央银行第1092/86号决议中规定的以股份公司为设立形式，为营运资本与商品和服务采购提供融资的金融机构。其名称中应包含"信贷、融资和投资"字样。

（十一）房地产信贷公司

根据巴西国家货币委员会第2735/00号决议规定，房地产信贷公司是以股份公司形式设立，为房屋开工、建设、销售和购置及其他房产相关业务提供融资的金融机构。其名称中应包含"房地产信贷"字样。

（十二）信用合作社

根据巴西国家货币委员会第3442/07号决议及其修正案的规定，信用合作社是以法人形式设立，由从事某一行业或其他共同商业活动的个人组成，为了组织利益，分享信贷和/或提供服务的金融机构。

值得注意的是，信用合作社在名称中是不允许使用"银行"字样的。

（十三）融资租赁公司

融资租赁公司必须设立为股份有限公司，并且应遵守金融机构共同遵守的法律规定。融资租赁公司的名称中应包含"融资租赁"字样。

融资租赁公司的主要目标是从事金融资产租赁业务，即将境内外的动产或从第三方获得的不动产租借给承租人进行经营活动。根据第6099/74号法令和第7132/83号法令，融资租赁公司应当为其经营活动缴税。在融资租赁合同的最后应设定三个选择：（1）购买动产；（2）更新融资租赁合同；（3）将动产返还给出租人。

（十四）证券经纪公司

根据第 4728/65 号法令，第 6385/76 号法令和巴西国家货币委员会第 1120/86 号决议及其修正案的规定，股票经纪公司是以股份公司或私营有限责任公司形式设立，具备以下经营目标的金融机构：

1. 在经营场所经营或在证券交易市场系统中经营；
2. 单独认购或以联营的方式与其他有资质的公司一起认购已发行证券用于转售；
3. 为证券的公开发行提供中介服务；
4. 依照证券监督委员会和巴西中央银行的法律规定，通过自持账户或第三方账户买卖证券；
5. 管理证券投资组合和代管证券；
6. 认购、转让和担保背书票据，股票及其他证券收益。

股票经纪公司如要获得巴西中央银行的授权，经营证券经纪业务，必须首先成为证券交易所的会员，并获得证券监督委员会的批准，能够在证券交易所开展经营活动。

（十五）交易经纪公司

根据巴西国家货币委员会第 1770/90 号决议规定，交易经纪公司是以法人方式设立，公司名称中包含"交易经纪"字样的金融机构。交易经纪公司的主要目标是为证券交易提供中介服务，为各自的交易业务开展谈判（后者专门是由公共基金的正式经纪人和经纪公司组织的个人企业进行的），如果交易公司不是交易所的会员，也应遵守适用于会员公司的规则。

（十六）证券发行公司

根据巴西国家货币委员会第1653/89号决议规定，证券发行公司是以股份公司或有限责任公司形式设立，名称中包含"证券发行"字样的金融机构。证券发行公司具有以下经营目标：

1. 单独认购或与其他有资质的公司以联营的方式一起认购已发行证券用于转售；
2. 为证券的公开发行提供中介服务；
3. 依照证券监督委员会和巴西中央银行的法律法规，通过自有账户或第三方账户买卖证券；
4. 从事证券投资组合管理和证券托管业务；
5. 认购、转让和担保背书票据，股票和其他证券收益。

证券发行公司除了要获得巴西中央银行的经营授权以外，还应事先申请获得证券监督委员会的明确授权。

（十七）抵押公司

根据第6404/76号法令、巴西国家货币委员会第2122/94号决议和第3425/06号决议以及CVM第455/07号指令的规定，抵押公司是以"S.A"公司形式设立，名称中包含"抵押公司"字样的金融机构。

抵押公司具有以下的经营目标：

1. 为住房或商业不动产和市区地皮的购置、提供、重整或交易提供融资服务；
2. 为本公司或为第三方获取、推销、再申请和管理抵押贷款；
3. 在证券监督委员会的授权之下，管理不动产投资资金；
4. 转让资产，为住宅和商业房地产的建设和购置融资；
5. 为如第17页所列之其他经营目标提供贷款和融资服务；

6. 管理投资基金（按照第 455/07 号 CVM 指令）。

依照现行法律，抵押公司可以变更为综合银行，商业银行，投资银行，发展银行，信贷、融资和投资公司，房地产信用合作社，融资租赁公司，证券经纪公司，证券发行公司或者证券交易公司。

三、巴西支付结算体系

巴西中央银行是对银行业进行监督和管理的主要机构。所有的外商投资交易都在中央银行的直接监管下——对外商投资进行登记，以便确定可以汇回的资本收益、撤资和扣缴税款的数量。国内交易（包括付款和收款）只能用雷亚尔结算——涉及外汇的所有的金融交易均需先将外汇兑换成雷亚尔方能进行。

巴西当地银行可提供较为多样的支付选择。主要的支付方式有：供应商支付；工资单支付；税务支付。

四、资本市场

巴西资本市场的主要金融工具包括公司股票、公司债券、联邦政府债券、州和市政府债券、住房债券等。巴西约有 1 000 多家公司运用股票交易所和场外交易市场，约有 3 000 家公司通过特殊的金融基金获得资本。

里约热内卢交易所和圣保罗交易所是巴西最大的证券交易所，交易额占巴西股票交易总额的 90%。

巴西拥有 136 家共同基金，以及众多的财政基金、投资公司、私人退休基金、保险公司、社会参与基金、投资俱乐部、特种政府基金，这些机构丰富了巴西资本市场的形式和内容，加速了资金的流动。

第三节 保险制度[①]

1966年11月21日颁布的第73号法令和1967年3月13日颁布的第60.459号法令适用于巴西全国私人保险体系,并规制保险和再保险交易。巴西全国私人保险体系由以下五个部分组成:(1)全国私人保险委员会(do Conselho Nacional de Seguros Privados-CNSP);(2)私人保险监管机构(da Superintendência de Seguros Privados-SUSEP);(3)再保险人;(4)经批准经营私人保险业务的公司;(5)经许可的保险经纪人。

全国私人保险委员会负责以下事项:(1)制定有关私人保险和再保险政策的指导方针和规则;(2)制订保险费率和保险公司投资方针;(3)制定保险和再保险协议的总原则;(4)制定核算和统计准则。

依据巴西第73/66号法令第36条的规定,私人保险监管机构被授权作为常设性的保险管理机构,负责监控和执行全国私人保险委员会发布的保险政策,监督保险公司的公司体制、组织架构、功能和经营管理。同时,私人保险监管机构还负责在全国私人保险委员会制定的保险政策原则下,制定有关保险交易的规则,有权对违规保险公司罚款,监督并依据法院判决要求保险公司清偿保费。私人保险监管机构主席由工商业部长提名,并经总统任命,其内部机构设置由全国私人保险委员会批准。

巴西国家再保险公司(IRB – Re)是一家兼有国有资本和私人资本的混合所有制股份公司。其在1939年成立之初就被授予了在再保险市场上的垄断的特权。然而,1996年8月的宪法修

---

① Bruno Almeida Goncalves, Cintia Han and Marcelo Oliveira Mello: *Brazilian Legal Guide*《巴西法律指引》。

正案作出了解除其在再保险业行业垄断地位的正式规定。2007年1月15日颁布的第126号补充法令最终取缔了该公司在巴西再保险业中的垄断地位。

新的法律赋予了全国私人保险委员会相当大的监管权，并且规定私人保险监管机构有权确定新的市场架构、规章并对其实施监管。此外，第126号补充法令还提供了一个预计的再保险市场的基本架构。第126/07号补充法令的基本条款如下：

（1）所有原归属于巴西国家再保险公司既定规制和监管的权力均转移至全国私人保险委员会和私人保险监管机构。

（2）分保（被定义为从让与人到分保受让人间的风险转嫁）和转分保（被定义为从分保受让人到其他再保险人或巴西保险公司的风险转嫁）可能会在以下分保受让人中展开。

①当地再保人（Local Reinsurer）：在巴西组建的专营保险与再保险业务的再保险股份公司；

②许可再保人（Admitted Reinsurer）：总部设在海外的公司；在巴西设有代表处；遵从相应规程并在个人保险监管机构登记为许可再保人经营分保与再分保业务；有5年再保险经历；经济财务能力不能低于巴西法律相关最低要求；

③临分再保人（Occasional Reinsurer）：总部设在海外（非避税天堂国家或地区）的公司（假设他们并不处于一个所得税税率低于20%或者就股东身份负有保密义务的司法辖区）；在巴西设有代表处；遵从相应规程并在个人保险监管机构登记为"临分再保人"经营分保与再分保业务。认定临分再保人的最低标准由政府主管机构确定。

（3）巴西国家再保险公司为当地再保人（Local Reinsurer）。巴西政府只有在以下条件得到满足的情况下才愿意成为巴西国家再保险公司的优先股股东（持有巴西国家再保险公司大约40%的资本），即：巴西国家再保险公司的这些股东用由此获得的全部收益购买位于巴西的其他的保险公司的股票。

(4) 当地再保人（Local Reinsurer）比照适用当地保险公司适用的条例。

(5) 对被授权成为许可再保人（Admitted Reinsurer）或临分再保人（Occasional Reinsurer）的再保险公司的要求如下：

①须符合其国籍国法，获得相应授权在其准备在巴西开展的再保险领域从事国内和国际再保险业务，并且在向巴西有关当局提出申请时已具有5年以上相关经验。

②其财务和经济能力须不低于全国私人保险委员会或私人保险监管机构所制订的最低标准。

③须维持全国私人保险委员会或私人保险监管机构所设立的与其赔偿准备金相关的信用评级。这些评级由信用评级机构授予。

④须在巴西设有常驻的授权代理人，其有权在巴西接受和递送法院令状。

(6) 此外，许可再保人（Admitted Reinsurer）还应满足以下要求：

①在一个位于巴西的经授权经营货币兑换的银行开设一个外汇银行账户（该账户与个人保险监管机构相连），在该账户中维持指定数量的最低预付押金（用于其在巴西的业务经营）。

②定期向私人保险监管机构提交资产负债表和财务报表副本。

(7) 人寿再保险业务和个人养老金再保险业务由当地再保人（Local Reinsurers）专营。

(8) 在3年的过渡时期内，自2007年1月16日始，当地（经授权的）再保人［Local (Authorized) Reinsurers］将在同等条件下比外国再保人（Foreign Reinsurers）就当地60%的再保险业务拥有优先权。3年后，这一比例降低40%。

(9) 在巴西签订的以外汇进行交易的保险、分保和（或）再分保合同须符合国家货币理事会和全国个人保险委员会制定的规范。

（10）国家货币理事会必须对外汇银行账户加以规制，使其由当地保险和再保险公司、在私人保险监管机构登记的外国再保险人和保险经纪人加以保存。

（11）巴西强制险以及巴西居民个人或者境内法人机构所签订的针对巴西境内风险的非强制险合同必须在巴西境内签订。

（12）巴西居民个人或者总部设在巴西的法人机构所签订的针对海外风险的合同只在以下情形下被认可：

①若巴西当地尚未开展此项保险业务，且此项业务并不与巴西立法相悖；

②若该项保险承保了居民个人在境外遭受的风险，则该项保险在当且仅当居民个人身处境外时有效；

③若该项保险业务包含在巴西国会批准的国际协定中；

④若该保险合同于2007年1月16日（第126号补充法案通过）前业已合法订立；

⑤若该项保险承保了位于巴西境内的法人机构的海外风险。

在强制保险的情况下，需要走竞标程序。和外国保险公司签订保险协议的唯一途径，是巴西没有该种风险对冲工具，或起因于相关国际协议，而该协议是经过国会批准的。

一家保险公司的经营能力不能超越私人保险监管机构规定的限额。如果超过限额，就必须采取再保或共保措施。

共同保险即两个以上保险公司共同承担交易风险，共同赔偿。此外，如果一家保险公司承担了一项合同风险，它将需要承担所有赔偿责任，但这一风险可以转嫁给另一家再保险公司，如巴西国家再保险公司或其他私营再保险公司。这些公司由类宪法法律第126/07号管制，该法律规定了保险市场运作中相关的应有权利，以及巴西国家再保险公司的属性。

保险公司必须是经合法成立的专业公司，商业保险保单可以是记名也可以是无记名的，但人寿保险保单必须是记名的。如果投保人故意隐瞒真相或虚假陈述能够影响保险人的保险报价条件的话，保险人不承担保险责任并有权要求投保人支付保险费；如果非投保人故意隐瞒真相或虚假陈述，保险人可以选择终止保险合同或要求增加保险费。保险合同签署后，保险条件发生重大变化，投保人应及时通知保险人，保险人有权选择在收到通知后的15天内终止合同，如果保险责任重大降低，投保人有权要求降低保险费或终止合同。

财产损害保险的保险价值不能超过保险标的物的价值。人身保险中，投保人可以自由决定保险数额，也可以同样的事由选择多次投保。

如果投保人不能按期支付保费，保险人的保险责任暂停。也就是说，任何保险赔偿要求投保人应提供按照保险合同规定支付保险费证明。

1966年11月21日颁布的第73号法令第22条规定，参与政府公开招标的单位必须提供按照法律规定应办理强制保险的保险费证明。

保险公司一般应为股份公司，须经巴西工商发展部征求全国私人保险委员会和私人保险监管机构意见后批准才能开业。

保险经纪人必须经全国私人保险委员会批准后才能执业。保险经纪人可以是自然人也可以是法人，外国自然人也可以申请保险经纪人资格但需要拥有巴西永久居住签证，法人必须是按巴西法律设立。外国保险经纪公司需在巴西执业必须进行注册。保险经纪人的执业资格取消后，不能再申请。

巴西的医疗保险一般为商业保险。

强制保险包括：空中乘客人身意外伤害险，交通运输工具业主一般责任险，城市不动产建设施工责任险，从公共金融机构贷款融资担保险，不动产开发建设者义务险，土建施工贷款还款保证，分独立单元的建筑物险，火灾和货物运输险，农业信贷险，公共金融机构出口信贷险。

因此，在巴西投资经营过程中，遵守巴西法律强制保险规定并做好文件管理工作，为可能的索赔提供依据尤为重要。在保险事故发生后，企业业务部门应及时与专业律师共同研究向保险公司的索赔方案。

第八章

巴西社会管理法律制度

第一节 劳工法律

一、概况

巴西的劳工法深受欧洲国家劳动立法和对世界劳工组织承诺的影响，主要是以保护劳工权益为目的。这些影响结合巴西政府的劳工政策和迅速发展的工业化等内部因素，一起推动了巴西劳工法律制度体系的建立。[①] 巴西政府于1943年颁布了巴西第一部系统的劳工法——《统一劳工法》[The Consolidated Brazilian Labor Laws (Consolidação das Leis do Trabalho-CLT)]，该法后来历经数次修订，时至今日仍是巴西劳工政策的基础。1988年巴西颁布的《联邦宪法》，不仅规定了新的劳工权利，还提高了《统

---

① Ministry of External Relations of Brazil, *Legal Guide for Foreign Investors in Brazil*, Brasil Global Net, 2012, P.111.

一劳工法》规定的标准。总之,巴西政府创立了一系列严格、详细的劳工法律制度,旨在保障劳工权益。如企业不重视巴西劳工法律和政策,可能会受到行政处罚,或陷入劳工纠纷,从而付出沉痛代价。

二、劳工权益

巴西《联邦宪法》、《统一劳工法》和特别劳动法规定了各种劳工权利。巴西法律规定,不得因性别、种族、宗教或其他文化原因而产生雇佣关系的差别;劳工享有同工同酬权,同样的工作不因国籍、年龄、性别、婚姻状态不同而产生工资方面的差别,但工作年限的长短可成为工资级别不同的正当理由。

1. 薪金。必须按月或根据劳动合同规定的更短时间以巴西货币向雇员支付劳动报酬。雇员餐饮、交通费、企业养老保险计划、教育等额外福利在巴西普遍存在。一般用人单位每年按照物价指数调整员工工资。

(1) 最低工资:每年调整。劳工工资不得低于法定的最低工资。各行业劳资双方在遵守政府最低工资的基础上,还可商定本行业的最低工资。[①] 2011年巴西联邦政府开始实行最低月工资标准545雷亚尔,并制定了2011~2023年最低工资定期增长的政策。

(2) 加班费:正常工作时间之外为加班时间,报酬按正常工作时间小时工资的150%支付,节假日加班费按平常工资的200%支付[②]。集体劳动合同可协商规定高于上述法律规定的标

[①] 商务部:《对外投资合作国别(地区)指南(巴西)(2012年版)》,2012年11月,第91页。

[②] 商务部投资促进事务局:《中国对外投资促进国别/地区系列报告》之《投资巴西》,2011年11月,第84页。

准①。

（3）夜间工作：当日22：00至次日5：00为夜间工作时间，按日间工作120%计酬②。

（4）危险环境工作：一般可按正常工资的130%计酬③。

（5）第13月工资：每年年终雇主要额外支付雇员相当于一个月工资的奖金，也即双薪。这笔奖金的数额同样应包括失业保险、社会保险金在内。

（6）分红：法律规定员工有权要求分红，但没有具体数额规定，由雇主和雇员委任的委员会协商解决，一般为1月工资。分红不计入个人所得税和公司税的纳税基数。

（7）不得扣减薪金：除了预付工薪和根据法律或集体合同规定应扣除的以外，支付给雇员的赔偿金雇主不能扣税，如预扣赋税、社会保险和联邦税。非特殊情况雇主不得减薪。

（8）工作流动补助：雇员在雇主的合理安排下可到新的地点工作，如果派遣是暂时的，雇主应至少多付雇员25%的薪水④，并支付搬迁费用。

2. 工作时间。正常工作时间为每日8小时，每周最多44小时，轮班每班6小时。巴西劳工法还规定了严格的工作休息时间，如在4~6小时的连续工作期间劳工应有15分钟休息时间；从事连续6小时以上的工作，劳工应有1~2小时的休息或用餐时间等。⑤

根据2011年12月15日颁布的12551号法案，员工在正常

---

① Ministry of External Relations of Brazil, *Legal Guide for Foreign Investors in Brazil*, Brasil Global Net, 2012, P. 112.
② 商务部：《对外投资合作国别（地区）指南（巴西）（2012年版）》，2012年11月，第91页。
③ 胡文强、秦俊茹：《巴西劳工法现状及对策建议》，载《经济师》2010年第2期。
④ Ministry of External Relations of Brazil, *Legal Guide for Foreign Investors in Brazil*, Brasil Global Net, 2012, P. 113.
⑤ 商务部投资促进事务局：《中国对外投资促进国别/地区系列报告》之《投资巴西》，2011年11月，第84页。

工作时间以外接听单位电话,接受单位短信,接受查看单位邮件被视为加班。

3. 假期。雇员每工作满 12 个月享有 30 天带薪假期。另外雇主需支付相当于雇员月薪 1/3 的假期奖金。员工有权只休息 20 天,要求支付另外 10 天报酬。①

4. 保险。

(1) 失业保险:雇主每个月要向雇员银行的账户交纳相当于其收入 8% 的工龄保障基金②(失业保险)。雇员在特殊情况下可使用,如被无正当理由解雇的情况。

(2) 养老保险:雇主支付工资的 20%,员工根据收入情况支付 8%~11%。

5. 其他。

(1) 膳食费用:雇主要为雇员提供合理的工作环境,若雇员超过 300 人,雇主需为雇员建餐厅。

(2) 试用期:试用期不超过 90 天,试用期过后,雇员无正当理由被解雇,有权获得相当于其银行账户中工龄保障金 40% 的解雇赔偿金。

(3) 雇员离职服兵役或履行市民(选举、做证人等)职责的,必须允许其重返原职位并享有其雇佣关系中止期间的权利。

(4) 妇女和未成年人(14~18 岁)的保护条款:对雇佣条件、加班、夜班、在危险或不健康环境下工作进行了特殊规定或限制。如,14~16 岁的未成年人只能以学徒身份参加工作;16~18 岁的未成年人参加工作,其父母必须在劳工合同上签字,且不得从事危险、有害以及夜班工作;孕妇在怀孕期间直至分娩后 6 个月内,雇主应确保其稳定工作;孕妇在分娩前可享受 28

---

① 胡文强、秦俊茹:《巴西劳工法现状及对策建议》,载《经济师》2010 年第 2 期。
② 工龄保障基金(FGTS – Fundo de Garantia do Tempo de Servico,类似于工龄补贴),每个月雇主有义务为员工在一个银行账户存入员工总收入的 8% 在该员工名下。劳动关系存续期间,资金存放在账户上,只有在法律规定的情况下,才可被员工领取(包括无理由的解雇、退休、劳动合同一方死亡,劳动合同期满等)。

天假期，分娩后应享有92天产假，雇主不得减少工资。①

（5）企业雇员中应当有5%~15%学徒工，以保障年轻人就业；超过100人以上的公司，要雇佣2%~5%的残疾人。

（6）任何一方要解除雇佣关系都需要提前30天通知。2011年10月11日颁布的第12506号法案规定：单位解雇员工需提前30天通知，如果员工在一个单位连续工作，每增加1年，单位应再提前3天，最多增加60天。②

三、劳动合同

巴西劳工法规定，书面的劳动合同不是必须的，如没有书面劳动合同，根据其他证据能证明劳动关系存在的，法律也予以认可③。在巴西，任何获得报酬的雇佣劳动均须进行劳工登记。劳工登记有两种形式：一种是劳工的"劳动和社会福利证"（Carteira de Trabalho e Previdencia Social，"劳工证"）；另一种是企业的"雇员登记书"（Livro de Registro de Empregos）④。"劳工证"和"雇员登记书"均由巴西劳工部或其授权机构颁发和管理。企业雇佣劳工时，须在"劳工证"和"雇员登记书"中注明工资、工资条件等。

巴西法律规定的劳工合同分为：

1. 集体劳工合同：由雇主协会和工会（或单位与工会）之间签订，制约所有相关雇员的个人劳动合同。

---

① 参见中华人民共和国驻巴西联邦共和国大使馆经济商务参赞处：《巴西关于劳动就业的规定》，http：//br.mofcom.gov.cn/aarticle/ddfg/laogong/201107/20110707671612.html，2012年12月5日。

② 参见巴西侨网：《巴西新法资方解雇员工90天前通知生效》，http：//www.bxqw.com/userlist/hbpd/newshow-14894.html，2012年12月6日。

③ 胡文强、秦俊茹：《巴西劳工法现状及对策建议》，载《经济师》2010年第2期。

④ 商务部：《对外投资合作国别（地区）指南（巴西）（2012年版）》，2012年11月，第90页。

2. 个人劳动合同：书面形式的劳动合同，个人劳动合同对雇员的保护条件不得低于集体劳动合同的规定。劳动证和雇员登记证也被视为劳动合同。

一旦签订了劳动合同，单位不能随意修改劳动合同条款，除非员工同意，但即使员工同意，也不能损害劳工利益。否则，如将来产生争议，劳动法院可能判决单位承担责任。如果劳动合同没有规定合同期限，或规定期限不明确，法院将认为该劳动合同为无期限劳动合同。[1]

如果员工被无故终止劳动关系，雇主必须支付给员工相当于存入工龄保障基金金额的40%作为罚金。此外，雇主还可能承担其与工会所签署的任何集体劳动协议（ACT）中规定的义务。该协议赋予员工更多权利，任何限制员工权利的条款均不受法律保护。如果员工辞职或劳动合同期满后，员工有权获得其应得工资、未使用的假期补偿和按比例应支付的第13月薪。

如果员工单方面提出辞职，应当提前1个月通知其雇主。由此，员工将不会获得金额相当于雇主在其工龄保障基金账户存入资金的40%的罚金，而且也没有权力将工龄保障基金中的款项取出或领取失业保险金。[2]

此外，巴西所有员工必须有一个劳动社会福利手册（CTPS），注明劳动关系的主要信息（包括雇主及员工信息，例如：姓名、职位、工资、雇佣日期和负责该类别工作的工会）。[3]

---

[1] 胡文强、秦俊茹：《巴西劳工法现状及对策建议》，载《经济师》2010年第2期。

[2] Durval de Noronha Goyos, Jr., *Legal Guide: Business in Brazil*, São Paulo: Observador Legal, 8th edition, 2011, pp. 178 - 179.

[3] Durval de Noronha Goyos, Jr., *Legal Guide: Business in Brazil*, São Paulo: Observador Legal, 8th edition, 2011, P. 174.

第八章 巴西社会管理法律制度

四、劳工机构[1]

(一) 劳工部

劳工法律法规的执行机构,下设劳工检察院,监督劳工法律法规的实施情况。劳工检察院在巴西各地设有18个分院,接受劳工投诉,对企业的违法行为进行行政处罚。企业雇佣外籍劳工须经劳工部批准。

(二) 劳工法院

劳工司法机构,负责对劳资纠纷进行调解和裁决,分三级:最高劳工法院、地方劳工法院和劳工争议仲裁庭。最高劳工法院(又称劳工高等法院)负责劳动诉讼的终审;地方劳工法院(又称劳工联邦区法院)负责地区性劳动案件的审理和对初审上诉案件的审理;劳工争议仲裁庭由劳动法官组成,负责劳动诉讼的初审。

(三) 工会

在巴西,工会力量非常强大,影响也很大,若企业处理不好同工会的关系,很容易陷入劳资纠纷,劳资纠纷一般主要通过当地工会解决。无论雇员是否是工会成员,巴西工会都有权:代表所属行业所有雇员参加集体合同的谈判和签订;和政府在相关合

---

[1] 商务部投资促进事务局:《中国对外投资促进国别/地区系列报告》之《投资巴西》,2011年11月,第85页。

同中合作；从其代表行业的所有雇员处收取会费；经营职业介绍所。

会费：工会每年向雇员收取相当于其一天工资的会费。

罢工和停工：宪法认可雇员罢工和停工的权利。同时要求雇员为罢工的原因和行为负法律责任，如事先未经当局批准要予以罚款。

用工当地化要求：巴西本国劳工在人数和工资收入上分别不得低于用人单位全部劳工人数和工资总额的2/3。外籍劳工必须有特殊技术专长，并有投资签证、工作签证或技术支持签证，才可在巴西工作。

五、巴西劳工法律风险防范建议

巴西的劳工法律更倾向于保护劳工权益，作为雇主，要严格遵守有关法律法规，规范经营。对于在巴西设立机构从事经营的中资企业来说，可能会遇到劳工纠纷，如不能妥善处理，不仅会遭受经济上的重大损失，还会面临很多麻烦。因此，员工管理和劳动争议处理尤为重要：

1. 管理人员必须转变在中国国内管理员工的观念和思维方式，认真学习当地的劳动法，按照当地法律法规办事。

2. 当地员工的招聘、工资调整、员工管理制度制定、员工合同的解除和终止一定要有专业劳工律师的参与。

3. 建立由中资企业领导、人力资源部门、法务人员、律师等组成的劳动争议调解委员会，妥善处理各类劳动争议矛盾，尽可能将劳动争议解决在企业内部，降低争议处理成本，维护单位稳定和职工合法权益。

4. 在与项目业主签订的项目承包合同中应尽量争取明确规定中方人员数量，签证期限及业主签证协助义务。如作为总包商，在分包合同中应明确分包商员工是分包商单独责任，分包商应使总包商免责。

5. 人力资源部门应保留各类证据、记录，从员工的招聘、员工日常管理的工资、休假、出勤等各方面做好记录，以备将来发生争议时作为证据。

6. 尽量不通过劳务合同（PJ）方式雇佣员工，以防将来的劳工诉讼。

第二节 环境保护

一、巴西环境保护法概况

环境保护法是为可持续发展和维持人与自然界平衡的一系列法律的总和，由于环境保护法没有特别的规制主体且保护范围不易明确，因此比较复杂。巴西的环境保护法范围非常广泛，对于在巴西投资的外国投资者也至关重要。

巴西于1981年8月颁布了第6938号法规，制定了国家环境政策，该政策对土壤、水体、大气等环境资源的使用进行规划和监测，保护生态系统，对污染或潜在污染活动进行控制，鼓励环保技术研究，跟踪环境质量状况，对退化地区及濒临退化地区进行恢复和保护，并将环境教育纳入各级教育中。1988年巴西《联邦宪法》第一次专门增加了有关环境的规定，用一整章来表述环境保护问题，主要明确了对政府的环境保护要求，规定了一系列保护生态平衡的法规，并确定了国家政权及公民保护环境的权利和义务等。[①]

巴西环境保护法作为巴西环保政策的主要实现手段,包括:建立环境质量和评价标准;对环境破坏行为进行审批和后评估;对违反环境保护法的主体进行民事和刑事处罚。环境污染的民事责任采取严格责任原则。

二、巴西国家环境保护体系

为实现国家环境保护目标,巴西环境保护法建立了"国家环境保护体系"(SISNAMA)。国家环境保护体系由联邦、州、当地政府机构以及其他致力于保护和改善环境质量的机构所组成。这些机构共同承担保护环境的职责,因此他们可以颁发环境许可证,检查项目和活动的建置和运营,行使管理权以保障相关主体守法,其中包括行政处罚和活动禁令。[②] 环境机构有法律资格在联邦和州法院提起诉讼。

(一)巴西国家环境保护体系

包含以下几个层次:

1. 最高机构(管理机构):政策委员会,就涉及环境保护的国家政策和方针向巴西总统提供咨询意见。

2. 咨询机构:国家环境咨询委员会(Conselho Nacional do Meio Ambiente-CONAMA),是联邦性质的常设机构。国家环境咨询委员会制定并负责实施环境标准、建议书、规则,向政策委员会提供环保方面的咨询意见。

---

① 参见中华人民共和国驻巴西联邦共和国大使馆经济商务参赞处:《巴西主要环保法律法规》,http://br.mofcom.gov.cn/aarticle/ddfg/qita/201107/20110707671613.html,2012年12月5日。
② 参见巴西研究中心:《巴西关于实施国家环境的政策——环境法》,http://www.centrobrasil.com/NewsInfo.aspx?id=166,2012年12月5日。

3. 核心机构：环境保护部（Ministerio do Meio Ambiente-MMA），是各级行政部门的分支机构，负责对政府性环保方针、计划的解释，协调并监管涉及国家环保政策环境保护的行为。

4. 行政机构：巴西环境和可再生资源委员会（Instituto Brasileiro do Meio Ambiente edos Recursos Naturais Renováveis，IBAMA），负责执行巴西所有联邦性质的环境保护法律。该委员会有责任就重点环境保护地区的关键性环境许可事项进行审批，具体事项如下：（1）区域范围包括巴西当地、与巴西毗邻和邻国区域、领海、大陆架、特别经济区域、联邦环境自然保护区；（2）涉及两个州或以上区域的环境事项；（3）在巴西领土之外的环境污染事项；（4）采矿、运输、制造、仓储、放射性材料；（5）与军事基地有关的。

5. 州和地方性机构：各州和地方性机构负责土地、水和其他自然资源的使用和管理，在权限范围内审查审批各类许可证照。

州环境机构在考虑市环境机构对项目或活动的技术审查后，依据法定程序颁发环境许可证，适当的时候，还需要考虑其他相关机构的意见。

（二）环境许可的类型和阶段

环境许可是防止环境破坏和监控环境质量的重要手段。在许可程序中，对可能造成不良环境影响的活动的建置和运营，公共管理机关规定了各种条件和限制。因此，环境许可是环境机构对特定企业和活动的选址、建置、扩张和运营进行许可审批的行政程序。这些企业和活动是指使用环境资源，或者造成实际的或潜在的污染，或者可能以任何方式造成环境恶化的企业和活动。

巴西《国家环境政策法》（1981年8月31日颁布的联邦第6938号法律）第九条第四款、国家环境咨询委员会第237号决议（1997年12月19日发布）以及州和市的法律法规均对环境许可的批准条件作出了规定。1990年6月6日发布的第99274号联邦法令及国家环境咨询委员会第237/97号决议规定了环境许可的三个阶段①：

1. 事前许可（LP）：在项目或活动规划的初期阶段予以颁发，包括项目或活动的选址，建置以及运营阶段的基本要求。初步许可应当遵守联邦、州或地方土地使用规划。

2. 设置许可（LI）：许可项目或活动开始建造或者实施。建置许可应当遵守已批准的在建项目的具体规范。

3. 操作许可（LO）：在对项目进行规定的核查后予以颁发，以保证该许可活动及其污染控制设备按照初步许可及建置许可的规定运行。各州法律可能对各种类型的环境许可进行补充和细化。

通常情况下，为了成立企业或者实施项目（可能造成环境恶化或者污染），有必要在初期规划阶段（即在项目的初级阶段）向环境机构申请初步许可或者批准。初步许可不是许可任何项目进行任何建设或者实施，仅仅是为了将项目的环境可行性通知项目所在的利害相关方。一旦这个阶段完成，颁发建置许可证即允许实施项目。最后，在经过法定的检查后，可以颁发运营许可证，即可以开始实施项目和启动控制设备。

三、巴西环境影响评估和环境影响研究报告制度

（一）环境影响评估

在巴西法律体系中，环境影响评估由《国家环境政策法》

---

① 商务部投资促进事务局：《中国对外投资促进国别/地区系列报告》之《投资巴西》，2011年11月，第100页。

首先加以规定，后来国家环境咨询委员会第001/86号和第237/97号决议也予以规定。后者对特定企业或者活动做出了更多具体规定。国家环境咨询委员会第237/97号决议扩大了环境影响评估的含义，使其超出了传统环境影响研究和报告的范围，包括了有关活动的选址、建置、运营和变动的各种环境研究，如：环境报告、环境控制项目、初步环境报告、环境监测、环境管理规划和初步风险分析。

（二）环境影响研究报告制度

环境影响研究报告应当根据环境机构提供的参考文件进行编制，应包括：区域环境测评、活动说明及其替代方案、重大的正面和负面影响的识别、分析和预测。这项研究报告应当在初步许可程序之前或者之中进行提交。

巴西实行非常严格的环境报告制度：新建或扩建企业，必须提交两项报告：环境影响报告和环境影响可行性解决方案。这两项报告提交市、州、联邦主管机关，由其检查该报告并决定是否通过该项目。如果当局对项目提出异议，则企业必须根据其要求修改项目。

1. 环境影响报告（EIA）。对于企业的装置活动有可能带来的环境影响的实地调查报告，包括空气、水、动植物、土壤、声音、安全及环境美观等多方面。凡是可能对环境造成负面影响的项目都要提交此项报告。

2. 环境影响可行性解决方案（RIMA）。此项报告主要分析环境影响报告可能产生的结果，并提出避免或减轻项目对环境负面影响的可行性方案。森林砍伐、公路、铁路、港口、机场、油气管道、电线、水力发电站、灌溉工程、油井、矿物开采工程的建设，有毒物质的处置，房地产发展计划等均需提交环境影响可行性解决方案报告。

四、环境污染的责任

(一) 刑事责任

1998年2月12日生效的《巴西环境犯罪法》(第9605号法案)规定了对环境破坏的刑事处罚措施,环境破坏行为包括环境污染、动植物和植被的破坏、人文历史建筑及古迹的破坏。

1. 责任主体。《巴西环境犯罪法》规定了宽泛的责任承担主体,包括:

(1) 本法规定的犯罪是在根据法人的法定代表或契约代表或者集体的决定,并为了该法人的利益而实施时,该法人要承担行政、民事和刑事方面的责任。

(2) 理事会或技术机构的理事、主管、成员、法人实体的审计员、经理、代理人或受托人,在知晓另一个人实施法律规定的犯罪行为之后,能够阻止该犯罪的发生而不进行阻止,也要承担相应责任。

(3) 法人的责任不排除实施该犯罪行为的个人,包括实施者、共同实施者或参与者的责任。

2. 处罚。《巴西环境犯罪法》对法人实体单独、合并或选择适用的处罚是指:罚金、中止权利、社区服务。中止法人实体的权利是指:部分或全部中止其活动;暂时禁止其成立、工作或活动;禁止其与政府签订合同以及从政府接受补贴、补助和捐赠(禁止与政府签约和从政府接受补贴、补助和捐赠处罚的期限最长不得超过10年)。法人实体的社区服务包括:资助环境计划和工程;在环境退化的地区从事恢复性工作;维护公共区域;捐助公共环境机构或文化机构。违法犯罪行为一经相应的法律程序立案即得到确认，对行为人的产品和工具都要扣押。

（二）行政责任

环境行政违法行为包括各种违反关于环境使用、享受、改善、保护和恢复的法律规范的作为或不作为。对环境违法行为立案和提起行政程序的主管当局是指巴西国家环境保护体系（SISNAMA）下的机构。他们受命监测违法行为。任何确认发生环境违法行为的人都可以通知上述当局以使之履行职责。获知环境违法行为的当局必须通过适当的行政程序迅速地进行查证，否则按照同等责任进行处罚。要经过确保充分辩护和反驳权利的适当行政程序，依照法律规定查证环境违法行为。

巴西在对环境保护方面的行政违法行为可以处以下处罚：

（1）警告；
（2）简单罚金；
（3）日罚金；
（4）扣押动植物产品及副产品、工具、供给品以及用于违法的各种设备或交通工具；
（5）销毁产品或使其丧失功能；
（6）中止出售或制造产品；
（7）禁止建筑及活动；
（8）拆毁建筑；
（9）部分或完全中止活动；
（10）限制权利。

五、巴西环境法律风险防范和应对建议

1. 在巴西，因环境问题可能面临集体诉讼以及追究股东责

任的揭开公司面纱制度,因此中资企业派往巴西工作的管理人员应改变在中国国内工作的一些传统观念和做法,提高环境保护意识。

2. 投标巴西项目前,要仔细审查招标文件有关环保许可的要求,主要关注办理环保许可是业主的责任还是承包商的责任。如果是承包商的责任,作为投标者,应该仔细评估环保许可办理的风险。如果是作为业主,则要根据项目情况,决定环保许可时自己办理还是交给承包商。

3. 项目执行过程中,应严格按照当地环境保护法律法规的规定和项目合同的要求执行项目。最好根据项目情况单独设立专门的环境保护(HSE)部门。办理环境许可,应征求专业律师意见,确定应该向联邦、州或市申请环境许可。

4. 环境保护部门应加强和法律部门的沟通,特别是出现环境问题以后,怎样应对政府调查和媒体,应征求专业律师意见。

第三节 土地房产

巴西土地资源丰富,土地实行私有制,且私有化程度很高。为鼓励外国投资,地方各州、市都有不同的工业用地价格。巴西农用土地价格为5 000~10 000雷亚尔/每公顷。巴西的房屋价格适中,在圣保罗市,办公楼租金50~90雷亚尔/平方米(含税),公寓租金20~40雷亚尔/平方米(含税)。购买公寓价格为3 000~6 000雷亚尔/平方米。[①]

根据巴西法律,与财产有关的问题适用财产所在国法律。基本上,有关巴西不动产的问题由《巴西民法典》(CCB)管辖。

---

① 商务部投资促进事务局:《中国对外投资促进国别/地区系列报告》之《投资巴西》,2011年11月,第56页。

第八章　巴西社会管理法律制度

一、土地所有权及其取得

根据《巴西民法典》，土地所有权"不包括矿藏、矿井和矿产资源、潜在的水电资源、考古遗址，或具体立法规定的其他财产"。因此，它明确区分了土地所有权与矿产、水电资源等底土元素的权利，后者被认为是联邦政府财产。所以，开采矿产和开发水电资源需要联邦政府授权或许可[①]。

巴西民商法规定：（1）一个人如果5年内持续、未遭反对地在乡村占有土地50公顷内，用于生产并在其上定居的，取得该宗土地所有权；（2）一个人如果5年内持续、未遭反对地在城市占有土地不超过250平方米，作为自己或家庭定居的，取得该宗土地所有权，但不能在其他城市或乡村占有不动产；（3）添附取得；（4）其他取得方式，如购买、赠与、征收、继承等取得。

《巴西民法典》第1238条对不动产的取得规定为，如果一个人像占有他自己的物一样，在15年内持续、未遭反对地占有不动产的，他取得该不动产所有权。如果占有人在不动产上设立了通常的居所，在其上面构建了生产性设施等，10年内没有人提出反对，就取得该不动产所有权。

在满足上述规定的年限后，土地或不动产占有者可以向法院提起确权诉讼，法院确认其权利后，土地或不动产占有者根据法院的确权判决向不动产登记机关申请不动产登记，成为土地或不动产所有者。

根据巴西法律，不动产所有权是在对财产所在地有管辖权的房地产登记处完成销售，并在登记公共或私人文书（契约）之

---

① 参见巴西研究中心：《投资巴西——购买巴西房地产》，http://www.centrobrasil.com/NewsList.aspx? id=16, 2012年12月5日。

时产生。未正式在相应房地产登记处登记的房地产文书,仅对买卖协议的当事人具有约束力,不能对抗第三方。①

二、外国个人或公司在巴西购买土地房产

根据第5709/71号法令规定,若外国人或外资公司要购买农村土地,但购买者不居住在巴西,或这家公司不是巴西公司,则不可能完成这项交易。如果购买的土地小于三个模块(模块大小由各州自行规定),则不需要正式许可。但是如果购买的土地多于三个模块,则需要得到国家安全委员会的许可。

外国公司购买巴西农村土地的目的必须进行工农业、养殖经营活动,且其经营范围必须含有相同的经营活动。

最后,如果发生交易,需要在有权机关进行登记。如果发生交易后,没有在有权机关进行登记,出卖方仍然是不动产的所有者。

三、政府征用

巴西联邦宪法规定征用城市土地房产应提前用现金方式给予公正补偿。

如果证实土地主闲置土地,政府机关可以给土地主通过公证机关发通知,土地所有者应在接到有权机关通知的1年内报送项目计划,在项目计划批准后的年限内开始动工,否则政府有权在5年内累进征收城市土地房产税。5年后如果土地所有者仍然闲置土地,政府可以无偿没收土地,支付政府公共债务。

---

① 参见巴西研究中心:《投资巴西——购买巴西房地产》,http://www.centrobrasil.com/NewsList.aspx?id=16,2012年12月5日。

城市土地所有者可以租让土地使用权给第三人，必须签订书面租让合同，该合同需在公证机关备案，合同可以有期限，可以是无固定期，土地主也可以免费租让其土地给第三人。

如果公共利益需要使用土地主土地，而和土地主协商不成，项目业主没有其他选择解决，可以以公用利益名义征用土地主土地。征用应给予合理的补偿，只有支付了合理的补偿后才能征用土地。

四、城市房屋租赁合同

城市房屋租赁分为居住和商用两种。居住目的的房屋租赁合同如果承租人已经租了30个月，到期后30天内，承租人继续租用房屋而房东没有提出反对意见，该租赁成为不定期租赁，不定期租赁合同双方有权提前30天通知终止合同。仅下列条件才能终止合同：双方同意，一方违反法律或合同约定，欠付租金，该租赁合同与劳动合同直接相关且劳动合同终止，房东本人及配偶或直系近亲属居住，租赁合同已超过5年等。如果租房合同期限少于30个月，双方不希望继续出租，房屋合同到期前30天应书面通知对方。

商用租赁合同到期后，下列条件下承租人可以要求租赁相同的期限：（1）如果双方同意续租固定期限合同；（2）如果租赁合同连续超过5年；（3）如果作为公司的住所地已经3年。

如果居住房屋租赁期限超过30个月，合同延期成为不定期租赁合同，在房屋租赁期限内如果房主出卖房屋，承租方同等条件下有优先购买权。

五、巴西土地房产风险防范建议

1. 购买土地房产前应检查土地房产的注册情况确定出卖人是否是所有权人，是否有权出卖标的物。

2. 检查是否欠缴有关税款。土地建筑物是否涉及诉讼案件。

3. 购买房屋还应检查该建筑物是否是受保护的建筑物，如果是受保护的建筑物，由于建造时间较长，价格可能相对较低，但建筑物整修必须经过政府有关部门批准。

4. 购买土地房产以后一定要到注册机关进行登记注册。

5. 如果项目需要必须经过使用某土地，但与土地主协商不成，可以考虑利用法院诉讼保护自己的利益。

第九章

巴西争议解决法律制度

第一节 争议解决概述

根据巴西的法律规定，争议解决方式主要有两种：一种是司法方式；另一种是行政方式。司法方式主要是通过诉讼或仲裁解决；行政方式指的是政府行政机构能够裁决的争议，主要包括税务、环境许可、国家石油管理局以及巴西石油公司招标等，在招标过程中，巴西政府经常以符合公共利益的名义，更改某些指标。

巴西国家制度是联邦共和国，一个由州、市和联邦特区所组成的不可分割的组合。巴西所采用的法律已汇编成法典，依据各级管辖权限而分为联邦法、州法和市法。司法审判也根据现行法律而裁夺。若所审的案子没有明确法条规定，则根据风俗人情和一般法律原则裁定。虽然先例占了非常重要的地位，对于法官判决帮助很大，但在巴西不具有正式法律效力。[①]

巴西的法律体系靠联邦政府、州市政府的法典和法律来约

---

① 参见巴西研究中心：《投资巴西——巴西法律体系简介》，http://www.centrobrasil.com/NewsList.aspx?id=16，2012年12月5日。

束，同时兼顾各地区的利益①。巴西法制的最高基准是联邦宪法，宪法保障公民的基本权利，将巴西联邦共和国的政治制度组织规范化，确立行政、立法和司法三权权限，规定税务制度，维持经济、财政与社会秩序。各州需根据联邦宪法的原则来组织与制定其本身的法律和法规。巴西联邦宪法规定联邦政府、州和自治市拥有各自的立法权，并清楚厘定联邦、州和市各级区域的立法权限，以防发生互相矛盾的立法情况，避免司法领域的重复或重叠。按照巴西联邦宪法规定的原则，联邦政府的立法权高于州和市的立法权。联邦立法权限包括民法、商法、刑法、诉讼法、选举法、农法、海事法、航空法、宇航法和劳工法等，亦包括征收、水利、能源、信息、通讯、传播、货币制度、外汇、贷款制度、保险、外贸、矿产、国籍、民权等重大事项。宪法允许联邦、州和联邦特区的立法项目包括：属于州权限的税务、金融、经济、牢狱、产业、环保与消费者的保护、教育、社会福利、卫生与保健等。在这些项目，联邦只颁布一般性的规范，而由各州和联邦特区遵守联邦法的基准来制定相关法规细则。城市的立法权限定于地方性的法规。

巴西最主要和最基本的法条归纳于法典。包括：民法、国家税法、刑法、劳工法汇编、民事诉讼法、刑事诉讼法等。但这些法典都不能高于巴西的最高法——联邦宪法。

在巴西，涉及争议解决的重要法律渊源包括：

宪法中对各级法院组织和法官权限的规定。（参阅巴西宪法第93、98、101、105、106、127条）；

1941年刑事诉讼法典及其修正案；

1973年民事诉讼法典及其修正案；

1997年11月第9507号和9307号法律（规范仲裁制度的基本法律文件）。

---

① 商务部投资促进事务局：《中国对外投资促进国别/地区系列报告》之《投资巴西》，2011年11月，第79页。

第二节 诉讼制度[①]

一、司法体系概览[②]

巴西是联邦制国家,26个州和联邦特区都享有高度的政治和行政自治权。因此,巴西的司法权基本上由州法院、州高级法院、联邦法院、联邦高级法院行使。州法院和州高级法院行使各州司法权,大多数的贸易纠纷在州法院审理;联邦法院和联邦高级法院行使联邦司法权,涉及联邦和联邦行政机构利益的案件在此审理。巴西司法系统中设有专门法院,如劳动法院,主要审理雇员和雇主之间的纠纷,特别民事和刑事法院(在联邦和州均有设立),主要审理诉讼标的额较低的案件,如消费者和社保受益人提起的诉讼在此都可以得到较快的解决。联邦最高法院是巴西的最高司法机关,对联邦宪法有最终的解释权;联邦高级法院有权对联邦法院或者州法院作出的与联邦的法律或法规相抵触的裁决进行审理并宣布上述裁决无效。此外,国家司法部负责管理和监管全国法院和法官的工作,如图9-1所示。

[①] 本节部分内容主要参考 How to understand litigation in Brazil。
[②] 为了解巴西庞大的司法系统,下面一些统计数据值得关注。据巴西国家司法部2007年的报告透露,2006全年全国范围内州法院新增案件1 630万件,尚未审结的案件达5 060万件。同年,在联邦司法系统中,有270万件新增案件,尚未审结的案件近800万件。此外,在劳动法院,新增诉讼案件360万起。司法系统每年要审理如此大量的案件,对法官和律师来说,无疑是个持久的挑战,若要保证案件高效、适时地审理,他们也要付出巨大努力。

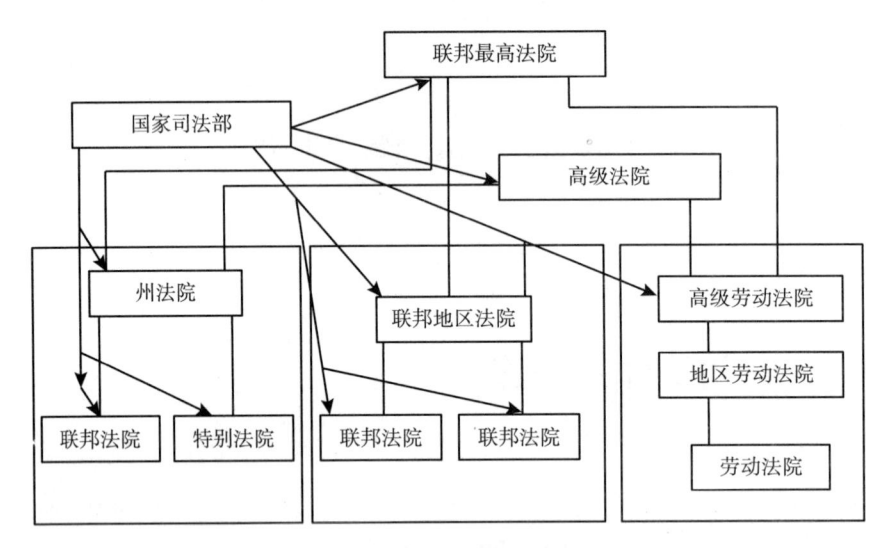

图 9-1 巴西司法体系

《巴西宪法》在巴西国内具有最高法律效力，其他法律和规章不能与宪法相抵触。巴西是大陆法系国家（即成文法国家），所有的司法裁决和行政决定必须根据法律作出。近些年出于建立高效标准化审判的需要，巴西对民事程序法做出了一定的修改，以限制追索权以及使联邦和各州法院的裁决符合联邦最高法院和联邦高等法院发布的《法律约束规则汇编》的规定。

根据巴西宪法，司法系统分为联邦法院和州法院两大体系。

（一）联邦法院

巴西联邦法院分为两种，一种是普通法院，一种是特别法院。

1. 普通法院。联邦普通法院分为民事法院和刑事法院，常对一些与宪法规定相关的事项作出判决和裁定，包括如下事项：
- 联邦政府、联邦政府代表机构或有政府背景的公司作为主体的纠纷；
- 外国人与巴西居民之间的纠纷；
- 与劳动机构之间的刑事案件；

- 在国外船只或飞机上发生的刑事案件；
- 外来移民案件；
- 涉及印第安人权益的案件。

联邦法院分四级，分别是联邦最高法院、联邦高级法院、联邦上诉法院和联邦地区法院。

联邦最高法院：由11个联邦大法官组成，总统任命，国会参议院批准，设在巴西首都巴西利亚，负责处理违反宪法有关的终审案件和其他特殊的上诉案件，包括政治危机，例如弹劾总统程序、巴西与外国政府之间的诉讼等。需要强调的是，虽然总统有权任命大法官，但依照联邦最高法院的历史传统，大法官由律师、公共检察服务机关代表和政治家组成。

联邦高级法院：由不少于33个大法官组成，联邦高级法院的大法官均由总统任命，参议院批准。负责审理与联邦法律有关的终审案件。专门法院包括联邦高级劳动法院、选举法院、军事法院。向联邦高级法院提起诉讼是非常困难的，联邦高级法院只受理违反联邦宪法、公共利益的案件。

联邦上诉法院：巴西有5个联邦上诉法院，负责审理与联邦法律有关的上诉案件（不论初审决定是联邦法院还是州法院做出的），也负责审理国家或国际组织与居住在巴西的自然人的诉讼。

联邦地区法院：巴西全境有27个联邦初级法院（26个州每州1个、联邦特区1个），每个联邦初级法院至少由7名法官组成。联邦初级法院法官根据宪法行使如下职权：

- 审理联邦政府机构、联邦政府所属国有公司为当事人的案件；
- 审理外国政府与居住在巴西的自然人之间的案件；
- 审理针对劳工组织的刑事案件、针对金融系统和经济、金融秩序的案件；
- 发生在巴西船舶和航空器上的刑事案件；

- 移民案件；
- 印第安人权益案件；
- 执行经过高级法院批准的外国法院的判决和仲裁裁决。

2. 特别法院。联邦法院系统中还有劳动法院、选举法院、军事法院等特别法院。

联邦劳动法院：劳动法院负责协调和裁定雇员和雇主之间个人和集体的劳动纠纷，也包括因服务关系而引起的纠纷。劳动法院分为高级劳动法院（27个大法官组成，总统任命、参议院批准）、初级劳动法院和基层劳动调解机构三级。为促进劳动争议合理解决，巴西2000年2月生效的第9985号法案允许公司和工会合作建立争议解决机构。如果争议机构建立了，个人劳动争议必须首先提交争议机构解决，然后才能向法院提起诉讼。而且规定，争议机构的决定可以被强制执行。巴西目前有24个初级劳动法院。

选举法院：巴西选举法院主要负责选举以及政党注册、成立等事务。选举法院可作出民事、行政和刑事判决。相关争议在向高级选举法院上诉前需经过地区选举法院审理，巴西目前每个州都设立1个选举法院。

军事法院：军事法院就军事犯罪作出判决。巴西只设有高级军事法院，也受理再审案件。军事法院由15名成员（10名军事代表、3名律师、2名部队检察官）组成，成员经参议员同意后由总统任命。

（二）州法院

州法院是依据巴西联邦宪法（不是州宪法）而设立的，分为州法院（设刑事法庭、民事法庭和特殊法庭）和州上诉法院。

1. 州法院民事法庭。负责审理与联邦法律无关的民事案件。法官全权负责所有民事程序，不采用陪审员制。

在一些案件数量大的州，除了普通的民事法庭外，州民事法庭还设立了一些法庭：

（1）资产回购及破产法庭：审理公司资产回购和破产案件；

（2）公共财政法庭：审理涉及州、市政府财政秘书的案件；

（3）家庭和继承法庭：家庭事务和继承问题；

（4）公证和登记事务法庭：公共登记机关、公证人及注册问题；

（5）未成年人法庭。

2. 州法院刑事法庭。分为州刑事审判庭和刑事上诉法庭。刑事审判庭由陪审员法庭和审判监督庭构成。刑事审判庭由以下专业法庭构成：

（1）陪审员法庭：审理严重的故意犯罪案件（如谋杀等），由陪审员决定案件；

（2）审判监督庭：负责监督刑事判决的量刑监督；

（3）警察和内政监督庭：负责监督警察和监狱管理方面的案件。

3. 特殊法院（Special Courts）。依据巴西联邦1995年第9.099号法案设立了州法院下的特殊法院，负责依据特别程序办理民事和刑事的小型案件。在这种小型案件中，当事人可以自由选择依据特别程序到特殊法院提请诉讼，或者依据正常程序到州法院提请诉讼。

（三）国家法院委员会

国家法院委员会依据2004年12月第45号宪法修订案创立，委员会由15位成员组成，任期2年，允许1次连任。委员会15位成员分别是：联邦最高法院1人、联邦高级法院1人、联邦高级劳动法院1人、州上诉法院1人、区上诉法院1人、联邦法官1人、区劳动法院1人、劳动法官1人、联邦公共检察服务机关成员1人、州公共检察服务机关成员1人、律师2人、市民2人。

这一自治机构负责对巴西司法体系进行监督,维护司法公正,受理针对司法系统内的投诉,每半年和一年出具数据报告,对巴西司法体系及法官进行评估,以实现更为高效廉洁的司法体系。

(四)行政法院

除了司法机关外,巴西设有行政法院。当巴西境内的公司在运营中出现某类特定纠纷时,行政法院有义务做出诉前裁决。例如,联邦纳税人委员会及州税务和利率法院(State Taxes and Rates Court)负责处理涉税问题;而附属于司法部的经济权益秘书处及经济防御管理委员会负责处理涉及公平竞争的问题。除此之外,巴西建立了大量监管机构,如国家电信局、国家石油管理局、国家电力局,负责新规定的实施和公司的监管。对所有的行政决定,司法权均可进行审查。

(五)巴西司法制度改革

依据巴西国家司法委员会(一个独立于政府的司法审查机构)出具的数据报告,联邦法院一级,2005年巴西每10万人中平均会发生0.819起案件,但相比较而言,巴西的上诉案件数量庞大,平均有2 829.34个上诉案件为新增案件,单不包括13 893.64个积压案件。

这一现象表明,巴西需要寻求一种更快捷有效的审判制度。为达到这一目标,自1990年,巴西政府对1973年民事诉讼法进行改革,主要有:

1. 建立判例审判制度,这些判例本质上受第45号宪法修正案及2006年第11.417号联邦法案约束,判例审判同样适用于行政审批程序,通过判例审判来缩短一些前置程序。

2. 依据2006年第11.276号民事诉讼法修正案,巴西高级法院可以作出决定,允许预审法院拒绝那些针对上诉法院产生的疑义而提起上诉,这一改革避免了那些已由上诉法院作出公正判决的案件再提请上诉的情况。

3. 依据巴西2006年第11.386号法案,允许法院迅速冻结债务人银行账号,为便于日后判决有效执行。

从近几年的改革情况来看,巴西逐步通过简单、便捷、民主的诉讼程序来提高司法审判效率。在保证公民诉讼权利受到宪法和民主原则保证的前提下,巴西的立法者正在积极寻求更高效的司法审判制度。

(六)外国公司在巴西涉诉须知

1. 代理人。

(1) 根据规定,公司需要委托具有巴西律师从业资格的律师代理出庭。

(2) 公司必须以书面形式授权律师代理公司参加诉讼。

(3) 代理律师的权限必须规定在公司章程和相应的证明文件中,证明文件上记载的人有权代表公司对外签字,公司章程记载着代理人所在单位及现任职位。以上文件必须符合后面提到的法律和翻译要求。

2. 国外文件。

(1) 国外的文件须经巴西有关领事馆认可后方在巴西境内具有法律效力。

(2) 国外文件与葡萄牙语译本一并提交,并由有资格的翻译人员翻译。

3. 通知和传唤。巴西的法院及其分庭为了提高诉讼效率,授权外国公司可以通过在巴西的子公司、代表处或代理商中的自然人通知或传唤公司［尽管民事程序法规定以调查委托书的形式通知或传唤居住于国外的自然人——同时巴西也签署了美洲信函调查书委托公约（inter – American Convention on Letters Rogatory）］。

4. 费用。

（1）对于大部分诉讼来说，特别是在先予执行和追索异议案件中，巴西法律根据执行法院和裁决法院的不同，规定不同的收费标准（一些州按件收费，另一些州则以百分比的形式收费，通常是案件标的额的1%或2%）。

（2）作为一般规则，败诉方须偿付胜诉方在诉讼中支出的费用和胜诉方的律师费，以上费用可能高达案件所涉金额的20%。

（3）法律规定在巴西境内没有财产或子公司的外国企业在提起诉讼时提供担保，以便胜诉方能获得上述偿付。担保可以以现金形式或是银行保证的形式提供。

尽管通常情况下法院在用尽所有可能的追偿手段后，才对判决强制执行，但是近些年来，法院越来越多的发布诉前禁令，以保证司法裁决最终得到落实。此类司法禁令在诉讼开始时即作出，强加给被告方某些义务，如按日缴纳罚款，如果不及时缴纳，累积数额将相当可观，此类罚款与案件诉讼金额的多少无关。因此，巴西境内的公司不得不重视此项制度。

二、债务追偿制度

巴西司法改革中，与企业最相关的新举措应属债务追偿制度。此项创新的目的是使债权人花费更小的成本尽快实现权利。

第九章 巴西争议解决法律制度

（一）主要措施

1. 扣押债务人的财产，主要是冻结现金。为此，建立了一个由巴西中央银行参与的新型现代化系统，被称作 BACEN – JUD，这个系统可以使法官通过网络获得信息，从而短时间内确认债务人支票账户和投资账户中的资产存在巴西境内的哪家银行。

2. 另一个类似的新建成的系统能够使法官找到并立即扣押登记在债务人名下的车辆。

3. 本着债权人的利益，法律规定了追偿债务的其他方式，如通过出租债务人的商业中心而达到追偿债务的目的。此外，法律还提供了更有效的机制，在诉讼中扣押动产和不动产转让。

4. 如果债务人是一家公司，并且公司名下没有任何财产，那么就可以以更加简单的方式认定，公司将其财产转移给了股东。

此外，如果债务人恶意变卖其资产或存在任何欺诈债权人的行为，法官可以在审理案件前通过诉前命令的方式采取以上措施。

（二）追偿债务的司法程序

债权人可以通过启动不同的程序获得债务人的财产、追回债务。巴西法律允许债权人根据法律规定的特定文书、本票、支票和其他信用凭证等票据申请扣押偿债程序，无须事先对债务进行讨论。也就是说，无须获得法院判决，债权人即可获得债务人的清偿。

当债权人无法提供扣押偿债程序所需的债权凭证，但可以提供证明债权存在的书面证据时，可以向法庭提起监察诉讼。法庭受理后，向债务人发出支付令，在扣押债务人财产之前，债务人可以进行申辩。

在更复杂的情形下,债权人没有任何可以证明债权的票据或书面凭证,债权人可以提起追偿诉讼,法官通过判决确定债务人应还的数量。债务人可以在诉讼中进行抗辩并且可以向法庭提供证据支持自己的主张。在这种情况下,只有上述判决生效并且所有合理债务追索程序都已经用尽,债权人才能得到债务人的财产。然而,近期巴西立法动向是督促当事人主动执行判决,例如,通过对没有及时偿还债务的败诉债务人加罚逾期债务总额10%的罚金来督促债务人主动偿还欠款。

如果债权人事先获得了某项基于动产或不动产的抵押,特别是受托转让抵押,法律仍对判决之后抵押物的转让和债务的偿付进行了规定。

然而,无论债权人是通过上述何种方式主张债权,债务人在最终交付财产偿还债务前,都可能长时间拖延诉讼。因此,为了较快收回债务,债权人必须策略性地运用司法强制措施,以最终保护自己的利益。

尽管为了保证逾期债务得到偿还,法律制定了如此之多的严格措施,但对债权人来说,最好的策略还是签订一个对自身有利的协议。

三、面临财务困境的公司的重整制度

2005年巴西颁布了一部公司偿债法(law of company recovery)(第11101/2005号法),该法有利于保障出现财务危机的公司正常运营,并对重新商讨公司的债务问题做出规定。通过一个债权人积极参与的程序,讨论如何对上述公司进行重组,并通过讨论达成最终决定。该法目的在于,由债权人决定债务人的公司以何种方式运行下去,从而产生盈利,偿还公司的债务。然而,这只是巴西法律的一项新规定,对此还存在诸多争议,尤其是债权人必须受制于这些程序，而法律并没有对公司的所有债务都进行这样的安排。

四、消费者诉讼

（一）消费者集团诉讼

1991年，巴西出台了8079号法律并且制定了相应的民事权益保护法案。此部法案在世界范围内堪称保护消费者权利的最先进的法律之一。法案中规定了一些公司在与消费者往来中必须遵循的规定，从广告宣传和商业化推广产品、服务的策划环节到售后服务环节，法律都规定了公司应尽的义务。此外，法律还规定了严格的产品及服务质量责任标准，公司不能无视法律赋予消费者的权利。

除了赋予消费者大量的权利，为公司规定大量的义务外，巴西法律还制定了最大程度方便消费者诉讼的规定。根据2005年的9099号法律，州专门法院迅速在全国范围内建立。在州专门法院起诉，消费者无须支付任何费用，也无须聘请律师。消费者诉讼审判程序相当灵活，程序主要集中在听证会环节，公司可以在听证会上提出证据。相应地，判决做出的也很快，判决内容包括对公司处以相当数量的罚款并对公司违反义务的行为加以惩罚，判令公司对违反道德而产生的损失支付补偿金。

由于客户投诉数量过多，使得巴西的公司不得不在群体性诉讼方面通过使用统计报告和其他管理资源，提升自身的诉讼能力。法律赋予消费者大量权利，从而消费者能更容易地提起司法诉讼，这导致公司不得不面对上百件、上千件甚至上万件消费者诉讼案件，公司的主要经济损失即来源于此。而这些损失在消费者被赋予大量权利之前是没有的。当面临消费者集团诉讼时，公司不得不在律师的帮助下，分析统计报告来确定大多数消费者诉讼的发生地和判决的做出地，从而找出导致此类诉讼案件的原因并制定正确的应对措施。这一需求，使得公司的管理流程十分复杂，在此之前的诉讼活动中都未曾被外界掌握过。

（二）社会团体和行政机构在消费者维权中的角色

除了个人有权提起消费者诉讼外，巴西法律授权联邦公共事务部、州公共事务部、消费者协会和其他消费者维权组织可以作为原告提起集团诉讼，从而达到获得补偿金和要求公司改变侵权行为的目的。

然而在巴西，到法院诉讼不是保护消费者权利的唯一方式。消费者可以依靠行政机关达到维护自身权利的目的，这些行政机关包括附属于司法部的联邦消费者维权秘书处（SDC）和一些被称为PRO-CON的州内的行政机关。上述机构仅通过对企业在消费者市场因违规行为而受到的谴责和消费者的投诉进行形式审查，就有权依照行政程序扣押产品，对企业有针对性采取严厉措施，包括暂停生产线、禁止出售产品和提供服务。除此之外，还可以对违规企业处以巨额罚款。考虑到上述行政行为可能导致的后果，公司必须事先为抗辩做好准备，以便应对行政机关采取的措施，必要时还可以寻求司法救济。

五、公司诉讼

（一）常见诉讼类型

尽管巴西有若干类型的企业，但是最为普遍的是有限责任公司和股份有限公司两种类型。公司诉讼大多是因股东之间意见分歧而引起的,尤其是在如何管理公司这个问题上最容易产生矛盾。这类情形自然需要通过司法判决来解决。如立即停止那些与公司股东利益相悖的,甚至是与公司小股东利益相悖的公司决议,因为法律禁止大股东滥用权力。

此外,法律对有限责任公司股东大会的通知及召开程序都做了详尽的规定,对于某些股东大会的决议须持有公司资本75%以上的股东赞成才能通过。因此,公司任何决议如果违反法律的规定都可能导致利益受损的股东提起诉讼。

另外一类常见的诉讼是因出资人被有限责任公司除名引起的。按照巴西法律的规定,仅因为其他出资人的决定即取消某个公司出资人的股东资格,必须征得代表公司资本75%以上出资人的同意。除此之外,取消出资人股东资格只能通过法院的判决来实现。免除某个出资人股东资格的决定是否合理,需要衡量免除资格是否会对公司的持续运营产生影响。然而,无论如何,司法判决都会保证被公司除名的出资人获得其在公司中应有份额的偿付。

对公司高管违背法律规定应尽义务而提起的诉讼也很常见,因为法律为公司设定了大量的义务,如勤勉义务,严格遵守法律和法规的义务及关联事实通知公司的义务等。这些诉讼可能要求公司高管向出资人和其他因其不当行为遭受损害的人支付巨额的赔偿金。

(二)各州对上市公司的监管

需要强调的是,在证券交易所进行股票交易的股份有限公司和其他在公开市场投资的公司均受到巴西证券监督管理委员会(CVM,以下简称"证监会")的监管。证监会是一个州立机构。

证监会对公司在资本市场上的行为进行监管,依照行政程序对其不法行为加以处罚。为确保企业及相关管理者有权进行申辩，企业需要深入了解法律的规定，尤其是了解证监会颁布的详尽的行政规章。此外，证监会的决定可以被法院推翻。

考虑到巴西资本市场的快速发展，尤其是由于证券交易和资源资本化的兴起，巴西证监会为保障证券市场的健康发展，其监管执法日趋严格，针对证监会监管决定和处罚决定的行政复议和行政诉讼也大规模增加。

六、商品销售风险及其救济

（一）商品销售风险

巴西经济的发展需要企业投入更多的资源在产品和服务销售管理上。根据消费者和最终用户的特点不同，企业应该采用不同的渠道销售产品和提供服务。企业可以采取的形式诸如分销商、特许经销商、商业代表处、经销商、店铺等。尽管商业行为各方的具体情况有所不同，我们仍然能够明确此类机构主要面临的问题，例如：

1. 无法按照规定价格支付产品和服务费用，同时因为缺乏对此金额进行支付的足够保证而使得拖欠付款的情况更加严重。

2. 不能达到销售目标、业绩欠佳。

3. 不按既定的区域规定经销商品或不按照既定的销售渠道销售。

4. 双方就佣金数额和其他事先约定的补偿金、促销和广告支出无法达成一致。

5. 对客户资金组合的非法挪用。

6. 违反竞业禁止规则，从事竞争性产品的销售及服务的提供。

7. 不法使用商标及其他公司的特有标志。

8. 违反公司指导方针进行广告和促销。

9. 违反事先约定的交易条件出售商品、提供服务,并且违反公司授权承担义务。

10. 未做到避免不必要的浪费和根据情况调整策略,违反技术援助的义务。

11. 违反关于工作和财务的约定,导致产品和服务分销渠道受损。

12. 有关合同终止和纠纷的解雇费。

为应对上述风险,在合同中需要对可能产生纠纷的问题做出明确约定,例如,明确设定对代理商的授权范围、销售目标、奖惩机制、违约责任、竞业禁止义务、保密义务等条款;在合同履行过程中,要加强对合同参与者的管理,按合同规定对其进行考核,督促其全面履行合同义务;在代理商或其他第三方存在违约或侵权行为时,要及时运用法律手段维护自身合法权益。

(二) 司法措施

鉴于公司的财务、商标和形象可能遭受严重的损失和侵害,公司必须能够及时获助于司法救济措施。因此,在通常情况下,公司应当能够诉诸司法权,申请诉前司法命令,以便立即阻止损害其有形和无形资产的侵权行为。

另外,公司代理商经常违背公司利益,申请司法命令以强制履行合同,或者获得所主张的损害赔偿金。在这种情况下,公司应当建立严格的制度,谨慎经营活动,确保能够迅速申请撤销对其不利的司法命令。

最后,必须注意,在许多情况下,巴西境内的外国公司都选择仲裁,以最终解决与上述代理商之间的争议。从相应的争议解决条款可以看出,争议仲裁一般安排在国外进行。这是一个必须谨慎评估的问题，因为在处理与上述代理商的关系上，需要直接干预他们在国内的商业行为。而外国仲裁裁决需要高级法院首先予以承认，这可能难以提供处理此类案件所需的灵活性。

七、有关政府行为的法律监督

（一）监管机构的角色

在过去10年中，巴西已经开始了一个庞大的由政府推动的公共服务私有化的进程。在此私有化进程中，巴西借鉴北美经验，建立了很多监管机构，以快速推动建立市场需要的公正和公司必须遵守的规则。公共服务须依据这些规则予以提供。这些规则既鼓励了公司投资，又保障了公民的利益。在巴西，主要监管机构有国家石油管理局、国家电力局、国家电信局、国家卫生监管局、国家医疗保险局、个人保险监管机构等。上述所有负责监管特定行业市场的国家机构都需要遵循本机构的行政程序。然而，基于尊重不同利益的宪法原则，这些程序必须保证被诉的个人或公司能够在适当的行政领域中进行辩护。

（二）招标和公共合同

巴西第9279/96号法律对政府部门以招标方式进行的货物和服务收购行为进行了详细的规定。

通常来说，政府必须通过招标方式购买货物和服务，招标活动应当以法定形式通过行政程序进行，并且广泛告知公众。在此阶段的行政程序中，哪家公司可以获得提供货物或服务的许可以及哪个提议胜出，政府机构都有相当大的自由裁量权。因此，对此类政府行为提出质疑和追偿是常见的。

执行公共合同同样需要遵循法定标准。违反法律规定的公司将会受到相应的处罚，例如，警告、罚款、终止合同以及禁止参与之后的招标程序。此外，依据《财政税收责任法》(《补充法》之第101/00号规定)［Law of Fiscal Responsibility（Complementary Law 101/00）］，政府代理人违反法律规定和合同义务也会受到处罚。

（三）有关公共管理行为的法律监督

虽然司法机关不能审查政府行政行为的依据，但是一旦出现违法行为，即行政行为违反了法律规定，司法机关就可以进行司法介入。

因此，政府监管机构有权颁布监管公司的法规，制定和执行违规处罚，而司法机关有权废止其决议。同样的，在招标和履行合同的过程中，司法机关有权质询行政机关的所有决议。

在此质询过程中，司法机关经常使用一种救济措施——"法院禁令"（mandado de segurança），允许法官对诉前命令进行单方面让步。可以预防性使用法院禁令，甚至可以在行政决议产生任何实际效果之前使用。

八、有关民事责任的诉讼

民事责任如何承担，是希望在巴西成立分支机构的外国公司最关注的问题之一。这些公司希望事先确定并且尽可能减少其在巴西境内的经营活动的风险，特别是可能由公司活动造成的损害赔偿。

在巴西，有两个基本标准来确定损害赔偿义务。一是通常所称的主观责任标准，即需要证明造成损害的人有过错，换言之，需要证明侵权人的行为有过错，而此过错是因为没有尽到在同等情况下其他人会尽到的谨慎义务，或者疏忽大意，或者甚至做出了侵权人有资格为之的行为。二是与之对应的客观责任标准，即不需要证明造成损害的人是否有过错，侵权人必须承担损害赔偿义务。后一种标准通常适用于公司，当公司进行以营利为目的的活动时，必须承担赔偿上述活动可能给第三方造成的损害的风险。因此，在巴西，卷入赔偿诉讼的公司必须对其辩护予以清晰的界定：它们必须证明，对方当事人所诉的损害并非它们活动造成的，或者对它们而言，除了抗辩损害本身的存在与否和要求赔偿的数额之外，还可以证明存在合法的受害人同意。

另外值得一提的是有关损害赔偿的类型。作为一般规则，巴西法院认为：

1. 经证实的物质损失必须予以赔偿（即所谓的现有损害），在经证实的情况下，利润和未获得的预期收益也必须予以赔偿（即所谓的受阻收益）。

2. 精神损害，即形象、名誉或荣誉损害以及产生心理痛苦的损害，也可以获得赔偿。精神损害赔偿一直是公司关注的重点问题，主要是涉及消费者的诉讼。因为过去10年以来法院审理的此类案件越来越多，在很多案件中，精神损害产生高达百万的赔偿数额，到目前为止法律还未对相应赔偿数额的判定标准予以明确规定。

3. 合同条款中的赔偿责任限制通常是由司法权谨慎评估。法院承认合同对损害赔偿做出的预先约定，除非是事先排除受益方讨论责任条款机会的格式合同，或完全排除合同双方的民事责任的合同。

确定公司的赔偿责任的唯一标准是公司活动的风险。而且，精神损害索赔的热潮导致巴西的民事责任诉讼越来越多。

第三节 仲裁制度[①]

一、巴西仲裁法概述

1996年9月23日,《巴西仲裁法》(第9.307号法律)正式颁布实施,授权个人与实体达成协议,诉诸仲裁以解决财产权争议,也就是说如果当事双方一致同意,涉及私人财产权的争议可以提请仲裁,当事方可自由确定适用于所提请仲裁的法律规则,其中可包括一般法律原则、惯例、习俗或国际贸易规则[②]。《巴西仲裁法》的颁布给巴西的商事纠纷解决带来了重大改变,商事纠纷从此可以选择除诉讼外以仲裁的方式解决。根据《巴西仲裁法》,巴西开始重视仲裁在解决纠纷解决上的作用,并将仲裁作为纠纷解决的替代方式。联邦最高法院于2001年宣布有关新法的合宪性规定,仲裁程序兴起,越来越多的纠纷通过仲裁解决,全国的仲裁机构也与日俱增。

巴西在仲裁法施行之前,合同的仲裁条款并不能迫使合同方必须选择以仲裁的方式解决纠纷,且仲裁裁决的执行必须经过法院批准才能实现。仲裁法实施之后,合同中的仲裁条款对合同当事人产生了实质性的约束力,并提供了一个解决纠纷的更为快捷的程序,同时赋予了仲裁裁决与法院判决相同的法律效力。按照《巴西仲裁法》,如果当事人双方事先签署了仲裁条款,则纠纷

[①] 本节部分内容参考了 How to understand litigation in Brazil。
[②] 参见巴西研究中心:《仲裁和对外国法院判决与仲裁裁决的承认》,http://www.centro-brasil.com/NewsList.aspx?id=16,2012年12月5日。

必须通过仲裁解决，如果当事一方未遵守仲裁条款，则另一方可以提交进行仲裁的司法要求①。如果仲裁条款中已经规定仲裁地和仲裁规则，则利害关系一方无须征得对方当事人的同意即可直接申请仲裁。如果仲裁条款没有明确规定上述内容并且任何一方提出异议，另一方可以通过司法诉讼的方式强制对方接受仲裁。此外，如果有仲裁协议，协议任何一方当事人都不能针对争议提起司法诉讼，即使法律规定此类争议可以通过诉讼解决，也会被法官立即驳回。

在实践中，《巴西仲裁法》实施之后，人们更多地倾向于选择仲裁的方式来解决商业纠纷。

二、巴西对外国仲裁裁决的承认与执行

巴西已批准《1923 年日内瓦仲裁条款议定书》。2002 年 7 月 23 日，巴西成为 1958 年《承认与执行外国仲裁裁决公约》（纽约公约）成员国。另外，巴西签署了 1975 年 1 月 30 日颁布的《美洲国家间国际商事仲裁公约》（巴拿马公约）。同时巴西国内法有关承认和执行外国仲裁裁决的规定也与上述国际公约的规定保持一致。《巴西仲裁法》规定，外国仲裁裁决只需经联邦最高法院批准，就可在巴西获得承认和执行。巴西主要的仲裁机构有：国际商会仲裁庭、巴西加拿大商会仲裁和调解中心、圣保罗仲裁和调解庭。

在巴西，仲裁裁决和司法判决具有同等效力。申请强制执行仲裁裁决无须经过法院承认，但唯一的例外是外国仲裁裁决。《巴西仲裁法》规定外国仲裁裁决必须在得到巴西联邦高级法院的批准后，向联邦初级法院申请执行。尽管国内仲裁裁决不需要

---

① 参见巴西研究中心：《仲裁和对外国法院判决与仲裁裁决的承认》，http：//www.centrobrasil.com/NewsList.aspx？id=16，2012 年 12 月 5 日。

第九章　巴西争议解决法律制度

司法权的认可即具有强制执行力，但是仲裁裁决的强制执行仍需依靠司法权来完成。

根据联巴西国内法的规定，在国家领土外做出的仲裁裁决均为外国仲裁裁决。根据《联邦最高法院规则》，对外国仲裁裁决的批准不需要重审或复查原仲裁程序各实质性事项。下列情况下，联邦最高法院不会批准外国仲裁裁决：仲裁协议的当事各方不具备法定资格；如果根据当事方选定法域的法律，或裁决地法域的法律，该仲裁协议无效；被告没有收到指定仲裁员或仲裁程序的适当通知，或没有充分的机会来为案件辩护；仲裁裁决超出仲裁协议条款的范围，且不可能将在仲裁协议范围内的部分划分出来；仲裁程序的开始未遵照仲裁协议；仲裁裁决对当事各方不具有约束力，或裁决地的法院废止或中止了仲裁协议的效力；根据巴西法律，提请仲裁的事项不能仲裁；仲裁裁决扰乱巴西的公共秩序。经联邦最高法院确认，仲裁裁决即可由法院下令执行。[①] 根据联邦高级法院2007年的统计报告显示，如允许当事人提异议，审查外国仲裁裁决的司法程序平均用时近2年。

外国仲裁裁决的承认程序必须经利害关系一方申请，申请人必须一并提交仲裁案件的主要文件的副本，副本必须经所在国的主管领事馆认证并且由有资格的翻译人员翻译。

联邦公共事务部（Federal Public Ministry）先对所提交的文件进行审查，出具官方意见后，通知另一方当事人是否对批准申请有异议。根据法律规定，只能对仲裁程序或仲裁裁决的有效性提出异议，不允许对仲裁裁决的结果是否公正进行质疑。

此外异议理由还包括，该争议事项属于巴西法律规定的不可以通过仲裁裁决的事项或者承认此裁决将违背国家的公共政策。该规定与《纽约公约》第四条规定相同。

[①] 参见巴西研究中心：《仲裁和对外国法院判决与仲裁裁决的承认》，http://www.centrobrasil.com/NewsList.aspx? id=16，2012年12月5日。

根据联邦高级法院 2005 年第 9 号决议，和解协议和一些保守的措施作为例外可以在外国仲裁裁决的审查期间内予以承认，以便对之后的裁决提供方便。

第四节 争议解决的其他国际法

巴西是许多重要的国际条约的签字国，包括联合国体系、布雷顿森林体系下的大部分相关条约、关贸总协定以及世界贸易组织协定等。在拉丁美洲地区一体化进程中，巴西也发挥着重要作用。巴西是拉美一体化协会（ALADI）和南方共同市场成员国。此外，巴西和许多拉美国家都签订了相关双边关系协定。巴西市场辐射范围主要是南方共同市场国家，其次是与南方共同市场有特殊经贸关系的国家和组织。

巴西是世界贸易组织成员国，也是创立国际货币基金组织（IMF）和世界银行（IBRD）的《布雷顿森林协定》的最初签字国之一。巴西是泛美开发银行（IDB）的创始成员国和股东，具有欧洲经济共同体观察员国地位，在布鲁塞尔派有常驻代表。

巴西是巴黎联盟的创始成员国，于 1975 年成为世界知识产权组织（WIPO）的成员国。巴西已签署《保护工业产权的巴黎联盟公约》，包括《1935 年海牙修正案》和《1967 年斯德哥尔摩修正案》。1970 年，巴西在华盛顿签署了《专利合作条约》（PCT），该条约随后获巴西议会批准并被纳入巴西国内立法。规定国际专利分类标准的 1971 年《斯特拉斯堡协定》也已纳入巴西国内法律。巴西已与多国签订了工业产权事务领域的双边协议，包括：与瑞典于 1955 年签订保护两国工业与商业品牌的双边协议；与法国于 1983 年签订工业产权方面的双边协议；与美国于1957年、与意大利于1963年签订版权方面的双边协议等。

在国际贸易的涉税事务方面，巴西已签订和批准与下列国家的国际避免双重征税协定，并已将这些协定纳入其国内法律：法国（1972年）、比利时（1973年）、丹麦（1974年）、奥地利（1976年）、西班牙（1976年）、日本（1967年和1978年）、卢森堡（1980年）、挪威（1981年）、意大利（1981年）、阿根廷（1982年）、加拿大（1986年）、厄瓜多尔（1988年）、菲律宾（1991年）、韩国（1991年）、荷兰（1991年）、瑞典（1976年和1996年）、捷克（1991年）、匈牙利（1991年）、印度（1992年）、中国（1993年）、芬兰（1998年）、葡萄牙（2001年）、智利（2003年）。巴西还与以下国家签订了海运和空运公司免除企业所得税的国际条约：南非、智利、法国、意大利、英国、爱尔兰、瑞士和委内瑞拉。根据这些避免双重征税协定，对于预期收入（包括通过长期贷款购买商品的利息）部分，巴西国内法规定的扣缴税率将优先适用。如果根据在巴西国内或国外与居民或非居民当事方签署的合同由收款人承担纳税责任，则允许此类税收的退税。[①]

第五节　巴西与中国之间司法裁决和仲裁裁决的承认和执行

同所有其他国家一样，由于涉及司法主权，外国仲裁裁决要在巴西国内生效并执行，必须首先得到巴西司法机构（法院）的认可。根据1988年10月5日巴西议会正式颁布的历史上第八

---

① 参见巴西研究中心：《国际条约》，http://www.centrobrasil.com/NewsList.aspx?id=16，2012年12月5日。

部联邦宪法以及各州议会根据新宪法修改并通过的州宪法的规定，巴西的国家机构分为联邦一级和州一级，法院体系也分为联邦法院（由联邦最高法院、联邦特别法院和普通法院构成）和州法院（由州级法院和初审法院构成）。在法律上联邦法院体系和州法院体系互相独立，并且拥有各自的组织体系。其中联邦最高法院（Federal Supreme Court）是全国最高司法机构。根据巴西联邦宪法的规定，联邦最高法院是巴西法院体系中唯一有资格批准外国法院判决的司法机构。外国仲裁裁决必须首先转化成外国法院判决的形式，随后该外国判决（包含外国仲裁裁决的实质内容）还必须得到巴西联邦最高法院的批准，这是外国仲裁裁决在巴西生效的先决条件。①

中国和巴西两国之间至今尚没有有关商事仲裁裁决相互承认和执行问题的双边条约。但是，巴西对中国企业开展投资合作有下述保护政策。

1. 中国与巴西签署双边投资保护协定。1994年4月中国与巴西政府签署了《关于鼓励和相互保护投资协定》工作文本，但是该协定和巴西政府对外签署的其他双边投资保护协定一样，尚未经过巴西议会批准。

2. 中国与巴西签署避免双重征税协定。1991年8月，中国和巴西政府签订了《关于对所得避免双重征税和防止偷漏税的协定》。

3. 中国与巴西签署的其他协定。中国政府和巴西政府于1978年1月签署了双边贸易协定，1984年5月两国政府签署了贸易协定补充议定书。2006年双方签署了《关于加强基础设施领域工程建设合作的协议》。作为中国—葡语国家经贸合作论坛（澳门地区）的参加方，2003年巴西与中国、安哥拉、佛得角、几内亚比绍、莫桑比克、葡萄牙和东帝汶部长共同签署经贸合作

---

① 参见吕欣：《外国商事仲裁裁决在巴西的承认与执行》，载于《当代法学研究》2002年第4期。

行动纲领。

此外,中巴双边还签署了《关于动物检疫和动物卫生合作的协定》、科技合作协议、文化教育合作协议和海运协议等。

第六节 典型案例

雪佛龙漏油事件

在巴西,争议除司法方式解决外,就是通过行政方式解决。2011年年底发生的"雪佛龙漏油事件",充分体现了巴西政府在环境保护方面强有力的争议解决能力。[①]

一、基本情况

2011年11月8日,雪佛龙巴西公司弗雷德油田(Frade Field)位于巴西里约热内卢东北部离岸370公里、水深1 200米的一口评价井出现漏油,雪佛龙公司公布的漏油数量为2 400桶,巴西石油管理局评估漏油1 600~2 640桶。[②] 巴西石油管理局暂停雪佛龙在巴西的石油勘探开发许可,雪佛龙公司声明停止所有钻井活动。

巴西现行石油政策是吸引外国投资者投标,参与巴西石油开发。对于世界上许多有实力的石油公司而言,海洋石油特别是盐

---

① 参见秦禾:《海外环保法律风险管理研究——以雪佛龙公司巴西漏油事件为视角》,载《石油化工管理干部学院学报》2012年第3期。
② "Chevron Estimates Total Volume of Oil from Frade Seep Lines", http://www.rigzone.com/news/article.asp?a_id=112865.

下石油储量丰富的巴西，是一个非常有吸引力的地方，巴西历次石油勘探招标，大部分世界知名石油公司都参与进来。研究雪佛龙公司巴西漏油事件，对于外国公司在巴西石油勘探开发有着重要意义。

二、巴西政府处理方式

1. 反应迅速。在漏油事件发生后，巴西总统立刻要求对事故原因进行严格调查，2011年11月21日巴西政府决定对美国雪佛龙公司罚款5 000万雷亚尔（约合2 800万美元），23日石油管理局宣布暂停雪佛龙公司在巴西的石油勘探开发许可。可以看出，与以往其他国家漏油事件不一样的是，巴西政府没有拖延，没有等到事件成为新闻媒体热点后再作处理，而是在第一时间明确表态。

2. 态度坚决。漏油事件发生后，媒体、里约州政府、国家石油管理局和联邦政府都在第一时间表态，并态度坚决，批评雪佛龙公司隐瞒信息，缺乏应对类似事故的设备，清理作业迟缓，暂停雪佛龙公司石油勘探开发许可，这一处理在石油价格高企的时期来说，对于石油公司影响巨大。2010年弗雷德油田日产原油50 000桶，而且深海钻井费用高昂，估计停止开发后雪佛龙公司损失以数十亿美元计。巴西政府设立了石油管理局来管理石油行业。1997年巴西第9478号法律（《石油法》）第四章第七条规定，石油管理局是联邦政府间接管理石油、天然气和生物燃料的重要机关，属于地方权力自治体制，受全国矿产能源部管辖（根据2005年11.097号法律修订）。在巴西石油行业中，时时处处可以感受到石油管理局的重要作用，从区块招标到勘探开发期延长，任何一个石油公司有望且期望得到利润的节点，石油管理局无一遗漏，都是最终审批和决策者。

三、事件影响

这一事件影响雪佛龙在巴西的石油勘探业务。弗雷德油田是雪佛龙公司在巴西的第一个油田开发项目,由雪佛龙公司、巴西石油公司和日本石油合作开发,雪佛龙公司是作业者。雪佛龙公司此次漏油事件将严重影响其在巴西下一步的发展。虽然巴西政府临时禁止了雪佛龙公司在巴西的勘探活动,但是,雪佛龙公司在此次事件中的快速反应以及明确态度,使其今后发展存在回旋余地和重启空间。

四、事件启示

1. 环保特别是漏油风险控制有其重要性和脆弱性。在"BP墨西哥漏油事件"发生后,对于石油公司来说,环保特别是漏油风险控制正在变得越来越敏感和重要。因为其涉及环境保护,不仅导致财产损失,而且关乎公司形象,可能导致在该国投资面临巨大风险。众所周知,石油投资大部分以几亿至几十亿美元计,一旦业务暂停或被迫转让,其损失将无法弥补。同时,其可能引起的民事诉讼更是费时长久,可能导致的赔偿金数额巨大。

漏油风险控制又是极其脆弱的。漏油风险对于海洋特别是深海钻井勘探是客观存在的。海洋特别是深海钻井勘探存在洋流、地质情况复杂、施工难度高、技术要求严格、出现井涌很难监视控制等问题。因为在水下2 000米甚至更深,受洋流等影响,一旦出现漏油,很难在短时间内控制。如何应对漏油事件,是每个石油公司都需要认真研究的课题。

2. 要与资源国当地石油行业主导机构和企业建立畅通的沟通渠道。根据1997年《石油法》，石油管理局是石油资源管理机构，而巴西石油公司则拥有所有石油资源勘探开发的作业参与权，在巴西进行石油勘探开发的石油公司必须与石油管理局、巴西石油公司建立良好的关系。巴西石油公司是巴西国家石油公司，原来是国营公司。根据《石油法》，巴西石油公司不再行使政府职能，同时石油天然气领域对民营资本和外资全面开放，只要符合相应的准入标准，都可以通过参加公开的招投标或者直接向国家石油局申请获得石油勘探开发、炼油、运输以及下游业务等的许可。① 但是，由于巴西石油公司作为国家石油公司的独特身份，又拥有世界领先的海洋特别是深海钻井等海洋石油工程技术，大部分在巴西的外国石油公司仍然是与巴西石油公司合资，合作进行石油勘探开发。特别是在盐下油田的开发过程中，巴西法律明文规定，巴西石油公司是盐下油田天然的作业者，至少拥有30%股份。石油管理局负责盐下油田招标，联邦政府可以不通过招标将区块授予巴西石油公司。② 此次事件发生后，雪佛龙公司迅速与巴西石油公司、石油管理局沟通，雪佛龙巴西公司负责人向巴西政府道歉，声明"雪佛龙公司对此次漏油事件负全部责任"。③ 在石油管理局发布公告、暂停雪佛龙巴西石油勘探许可的当天，雪佛龙公司声明主动停止所有钻井活动，并指出"我们还没有收到石油管理署的通知，我们主动停止钻井活动"。④ 当然，保持沟通并不是全盘照收，唯命是从，而是要保持沟通渠道畅通，同时，要站在战略高度重视这一关系，研究石油管理局和巴西石油公司的政策、战略和思路，为在巴西石油勘

---

① 参见中国国家发改委：《巴西石油体制改革回顾》，http：//www.sdpc.gov.cn/nyjt/dcyyj/t20080714_224034.htm。

② 参见中国石化法律事务部编：《2010巴西投资贸易法律指南》，中国石化出版社2011年版。

③ 参见"Chevron Assumes Full Responsibility for Frade Incident"，http：//www.rigzone.com/news/article.asp?a_id=112783。

④ 参见http：//www.chevron.com/news/mediaresources/updates.news。

探开发业务发展创造良好的发展环境，保障勘探开发业务的顺利进行。

3. 要构建危机预防处理机制。要有危机处理预案，凡事预则立，不预则废。《墨西哥湾漏油事件首席法律顾问报告》指出，"墨西哥湾漏油事件"发生的一个重要原因就是"钻探公司在应急程序和井涌检测上对其员工培训不足，没有将近期侥幸避免的钻井事故中的重要教训告诉员工。"虽然巴西政府批评雪佛龙公司反应不够迅速，但是雪佛龙对此次漏油事件的反应速度，在客观上比较以往发生漏油事件的公司，是有较大提高的。11月7日出现井涌，11月8日雪佛龙巴西公司将漏油事件报送国家石油管理局，同日应急小组待命，11月9日应急小组开始行动，派出18艘船只进行堵漏作业。雪佛龙在11月14日就在官方网页公布了巴西和美国的联络电话，以方便媒体联络，在官方网站设立专题网页，即时更新漏油事件的进展，包括声明、图片和视频及其他相关资料。

第十章

巴西其他法律风险防范提示

除了前面有关章节提到的法律风险以外，在巴西从事业务活动，还要重点关注以下几类风险，并做好应对。

一、预防"黑名单"风险

（一）"黑名单"风险与"黑名单"消除

"黑名单"是巴西政府为了维护市场交易秩序设立的一种信用体系。根据 1997 年 9 月 24 日颁布的第 9492 号法案规定，如果债务人不能按时支付到期应付给债权人的钱款，债权人根据相关支持文件向信用机构申请将债务人列入"黑名单"。

中资企业如果按照国内的一些习惯处理问题，在执行项目中迟延支付其分包商、供应商合同款项，很容易被分包商、供应商等在巴西的信用机构登记"黑名单"。

在巴西，进行商业交易前，公司通常会核查交易伙伴是否有"黑名单"记录，签署项目合同前业主一般要求承包商提供没有"黑名单"证明。也就是说列入"黑名单"后，一般不能在巴西承揽工程。采购物资材料时供应商会要求列入"黑名单"的购买者提前支付货款,提供银行担保,提高产品售价等。

"黑名单"产生后会对单位的生产经营带来比较大的负面影响,并且可能影响单位的信誉。

"黑名单"的消除过程也需要时间,一般有两种方式消除"黑名单"。

1. 根据合同应该支付的到期款项,支付给对方后,要求对方给登记"黑名单"的信用机构写信声明款项已付,取消"黑名单"。这需要对方单位根据公司章程或授权书有权签字的人签署给信用机构的信函,签名需要公证,并附上公司章程、授权书等支持文件。信用机构收到核实文件后 5 个工作日内取消"黑名单"。

2. 对于有争议的款项,单位可以向法院申请由法官决定是否需要支付。法院的判决一般时间很长,单位需要将有争议的款项预存在法院指定的账户上,法院在争议没有判决前可向信用机构发通知要求取消"黑名单"。如果法院判决应该支付,法院将预存的款项转给对方,如果不需要支付,法院将款项退回。

(二)风险防范与建议

1. 转变中国国内的一些思维方式,严格按合同、协议办事;明确发票管理程序,收到发票后,应及时按发票期限付款,拒付的要尽快说明理由并正式通知对方,不能说明理由的要先支付。

2. 每周到信用机构查看"黑名单"情况,分析原因,及时解决问题。

3. 做好文件控制,跟踪支付程序。

4. 与供应商、分包商建立良好的工作关系,即使出现个别迟延支付时,供应商也能及时联系,而不是直接告上"黑名单"。

二、防范"罢工"风险

(一)"罢工"风险与处理

巴西1988年"联邦宪法"第9条规定了雇员罢工的权利,根据联邦宪法,1989年6月28日颁布了第7783号专门罢工法案规定。根据巴西《统一劳动法》规定,工会是为了保护工人利益、由工人自发形成的自治组织,主要依靠工人交纳会费维持。如果工会能够给工人带来利益,将有更多的工人加入工会。这就促成了工会积极给工人争取利益。

工会通常在商谈集体协议、集体协议的年度调整或要求其他条件(年度工资增长比例、加班费、交通补助、食品补助、休假、危险区域补贴等)时,如果雇主不能满足工会提出的条件,就会组织罢工要求雇主进行谈判。根据法律规定罢工应提前48小时通知雇主。

在政府议会选举的年份,工会常常向雇主提出提高劳工待遇的要求,如果不能满足就组织罢工。

通常巴西相对贫穷的地区,工会的影响力远远大于里约热内卢、圣保罗等经济相对发达的地区。在相对贫穷地区施工工人罢工频繁,由于罢工频繁造成的经营企业、组织施工困难在巴西也屡见不鲜。

企业通常所能做的就是和工会谈判,一般情况下由公司的劳工律师出面和工会进行谈判。达成一致意见后,工会通知工人复工。如果一家企业很难谈判,还可以借助公司工会和员工工会进行谈判,达成一致意见后复工。

如果工会的要求太苛刻,通过谈判不能满足工会要求,可以

第十章　巴西其他法律风险防范提示

起诉到法院由法官决定集体协议条件。如果谈判实在不能解决问题，可以根据情况利用法律起诉工会滥用罢工权利，由法院采取决定罢工是否违法。若法院认定罢工违法，法院向工会发出通知要求复工，若工会不执行法院的决定，法院有权对工会进行罚款甚至拘留工会领导人。

（二）风险防范与建议

1. 通过意见箱、座谈会等手段加强与员工的沟通，特别是与工头的沟通，尽量解决员工的合理诉求。

2. 加强与工会沟通，特别是在执行工程项目前，通过劳工律师及时联系工会并与工会签署集体协议。

3. 要在项目预算中考虑有关费用，特别是项目所在地集体协议条件。在项目投标报价时就应当充分考虑罢工发生的可能性、对工期的潜在影响等。

4. 合同条款中合理转嫁罢工责任。例如，在与劳务公司签署的服务合同中，约定劳务公司对罢工事件承担责任的相关条件；在项目合同中将区域性、行业性罢工事件作为不可抗力处理等。

5. 罢工发生后，及时制定赶工措施。针对罢工事件的应急预案中，应包括制订加班计划、补充临时性劳工等加快施工进度，避免工期延误的相关措施。同时也要积极与甲方代表沟通，争取其对变更后工作计划的支持。

三、外资企业法定代表人

（一）有关法律规定

巴西法律规定：任何公司均须有两名以上股东。以合资形式组建的公司至少应有一名巴西人或拥有巴西长期居留权（持投资签证）的外国人为合伙人，可以是自然人，也可以是法人。合资双方的股份比例不限，投资的金额不限。外国企业在巴西设立子公司、分公司、代表处等常设机构，都要在巴西联邦商业委员会登记注册。只有具有民事能力的巴西公民和持有投资签证的外国人才能作为企业的法定代表人，代表公司签字或行使委托或接受委托。外国企业到巴西投资，其法人代表应申请投资签证。办理公司注册需提交的主要文件有：注册申请书、公司章程、公司负责人的简历、授权书等。文件需要译成葡文并经公证和巴西领事认证。

（二）相关措施建议

根据以上巴西法律的规定，在巴西注册公司，总经理必须由巴西人或具有巴西投资签证的外国人出任，中资（独资）企业注册时，一般不会有具备相关资格的人员。建议选用中国国有企业在巴西拥有投资签证的人员或巴西的合作伙伴临时出任公司的总经理，公司成立后，马上办理相关人员的巴西长期签证，并做总经理的变更（巴西法律规定，外国人只有在公司注册成立和相关投资到位后，才能办理投资签证）。

为避免由当地人担任的名义总经理在未经己方授权的情况下对外签署合同或其他滥用职权的行为可能导致的风险，可采取以下几个方面的防范措施：减少公司先期注册资本，先投入60万雷亚尔以达到一个外国人办理投资签证的最低法定投资限额，在办理好己方人员的投资签证并取代临时总经理成为公司总经理后，再投入其余的投资；在公司章程中将总经理的职权限制到最低限度，并由临时总经理出具不能越权行使权力的承诺函；由企业雇员与临时总经理共同签署公司各种对外文件，并联合作为企业银行账户的签字人。

办理好聘任的法定代表人投资签证后，及时办理法定代表人变更手续。

四、防范分包管理风险

一些中国国内企业在合同全过程管理中存在重订立、轻履行的现象，合同订立和履行两阶段交接存在脱节现象，对于严格按照合同条款履行在意识和实践上比较淡化，特别是对待分包合同管理上。

（一）分包管理中可能发生的问题

在合同执行方面，对分包商的管理理念不能停留在传统的不规范做法上，即"甲方主义"。在中国国内工程市场上，业主处于绝对优势地位，加上经营管理不规范，各方不严格履行合同的情形司空见惯，尤其在工程款的支付上，可谓业主"一言堂"，往往是承包商垫资施工，最终能够拿到全部合同款已是可喜之事，不会要求按时付款。另外，国内承包商与分包商的关系沿袭了业主与承包商的关系，分包合同履行也基本由发包方单方决定，分包商处于被动和服从地位。

然而，巴西属于相对发达的国家和地区，法律健全并且较为复杂，法律意识强，中国国内企业对于分包商的管理和分包合同的执行存在明显不足，如低估分包商的合同管理能力、商务经验和索赔技巧，普遍出现"水土不服"和"被分包商牵着鼻子走的"被动局面。这不仅对于整个项目运行造成负面影响，而且使得中国企业声誉受到质疑，经济上蒙受了很大损失。

在中国国内工程市场，业主或总包商处于绝对强势地位，很多问题口头协商一致就能得到严格执行，不重视书面认可。在巴西执行项目时，仍按照上述思路行不通，因为将来产生纠纷时，找不到对自己有利的证据，只能"哑巴吃黄莲"；出现重口头、轻书面的客观原因是国内企业海外员工的信函起草和处理能力比较弱,主观原因是未形成书面来往和证据积累的意识,这将导致举证不利、核算工程款或应对纠纷的被动。

(二)风险防范与建议

1. 认真学习合同以及巴西的商业惯例,严格执行合同及当地商业惯例,丢弃传统重口头轻书面、执行难、合同随意性等不规范做法。

2. 提高国内企业外派人员(包括从当地招聘的管理人员)沟通交流能力和信函处理能力。

3. 合同执行过程应留下"痕迹",通过班报表、日报表、信函、会议纪要等方式明确书面记录下来。合同执行过程中的各种文件(包括信函、会议纪要、邮件、传真)都应分类保管,提高文件控制管理能力。

4. 合同执行中对于分包商的信函包括邮件应认真研究、必要时征求律师意见,合同执行过程中应加强内部有关部门之间的沟通,特别是合同履行部门与法律部门的沟通。

5. 针对分包过程中经常遇到的工作量变更索赔风险,应对分包商索赔请求的合法性、索赔金额的合理性,结合合同条款进行认真分析论证,详细审查其提供的支持文件,不能轻易承认或拒绝。必要时与分包商就有关请求展开谈判,寻求双赢的解决方案。

五、消费者权益保护风险

(一)关于消费者权益的巴西法律规定

巴西联邦宪法明确规定了消费者权利,1991年3月12日,

第十章 巴西其他法律风险防范提示

第 8078 号法律通过了巴西《消费者权益保护法》，该法是消费者权益保护的具体法律，用于调整消费者与工业、贸易、服务企业和其他代理机构如进口商之间的关系。巴西消费者权益保护协会，是一个非政府、非营利性的组织，主要为消费者提供有关该法律的指导性意见。《消费者权益保护法》制定了从产品生产前的准备阶段到产品上市这整个过程中所需关注的程序性规范，并包括与之相关的广告宣传活动。[①]

根据《消费者权益保护法》，无论是法人还是自然人，只要是产品或服务的最终用户都被称为消费者。消费者与供应商、后服务提供商相比作为弱势群体应得到特殊保护。国家消费关系政策应促进消费需求，尊重消费消费者健康、安全、尊严，保护消费者利益，改善消费者生活质量，建立透明和谐的消费关系。

消费者基本权利包括：消费者生命、健康、安全的权利不能受到产品服务的伤害；得到适当的产品和服务教育、信息，自由选择产品服务；有权知晓产品或服务规格、成分、质量、价格以及风险提示等；合同执行中对消费者产生了额外的义务，消费者有权要求修改合同条款；为预防，修补财产、精神伤害消费者有权向司法、行政机关提出请求。对于消费者权利保护案件，采取举证责任倒置原则。巴西《消费者权益保护法》"取消了消费者的举证责任，使消费者占据有利优势。现在，制造商有义务举证证明其商品符合相关标准，而不是消费者负责举证证明商品存在缺陷或具有危险性。按照法律确定的要求，法官认为适当时可援用此特点。[②]"

违反《消费者权益保护法》可能产生民事、行政以及刑事责任，违反《消费者权益保护法》的行为，消费者保护协会，公职律师可以提起集体诉讼。因违反《消费者权益保护法》的

[①] 商务部投资促进事务局：《中国对外投资促进国别/地区系列报告》之《投资巴西》，2011 年 11 月，第 102 页。

[②] 参见巴西研究中心：《投资巴西——消费者权益》，http://www.centrobrasil.com/NewsList.aspx? id = 16，2012 年 12 月 5 日。

行为适用揭开公司面纱原则,也就是说,因违反消费者权益保护法的行为可能追究股东和/或管理人员责任。

巴西人的权利意识比较强烈,《消费者权益保护法》比较严格。同时,按照巴西民事诉讼法规定,标的额低于40个最低工资的案件,原告不需要支付诉讼费。因此,巴西消费者起诉供应商或服务商的案件较多。

(二)风险防范与建议

1. 认真学习法律,特别是直接与消费者打交道的公司,更应该认真学习《消费者权益保护法》,严格执行质量规范,确保产品服务质量。

2. 制造商和服务提供商必须认真小心地对待自己的产品或提供的服务,"从制造前阶段到实际上市销售的整个环节,都建议聘请律师,也经常需要律师[①]"。注意对消费者应尽的提醒义务,提高产品做好售后服务工作。

3. 如果出现消费者投诉、抱怨等问题时,最好的方式是通过谈判协商与消费者和解。

4. 如果已被消费者起诉,需要及时聘请当地律师,积极应诉。同时应协调公司法律部门、外宣部门、生产管理部门等及早介入,收集对公司有利的证据,必要时通过新闻发布会等形式做好澄清解释工作,避免对诉讼不利的舆论环境。

---

① 参见巴西研究中心:《投资巴西——消费者权益》,http://www.centrobrasil.com/NewsList.aspx?id=16,2012年12月5日。

参考文献

1. Ministry of External Relations of Brazil, *Legal Guide for Foreign Investors in Brazil*, 2012.
2. Pinheiro Neto Advogados, *Guide to doing business in Brazil*, 2003.
3. Centro de Estudos das Sociedades de Advogados, *Legal Guide for Foreign Investors in Brazil*, 2007.
4. Rayes & Fagundes Advogados Associados, *How to Do business in Brazil*, 2010.
5. Bruno Almeida Goncalves Cintia Han Marcelo Oliveira Mello, Mello Martins, *Brazilian Legal Guide*.
6. KPMG, *Investment in Brazil* (8th edition).
7. Legal Guide: Business in Brazil, Coordinated by Durval de Noronha Goyos, Jr. .
8. How to Cash Management in Brazil, How to GENERATE INNOVATION using governmental incentives in Brazil, How to Protect INTELLECTUAL PROPERTY in Brazil, How to Establish a Company in Brazil, How to Manage Corporate Taxes in Brazil, How to Obtain Environmental Permits in Brazil, How to Obtain Financing in Brazil, How to Obtain Permanent Visas Citizenship to Brazil, How to Obtain Tourist Business and Temporary Work Visas to Brazil, How to Protect People and Property in Brazil, How to Understand Legal Aspects on Doing Infrastructure Business in Brazil, How to Understand Litigation in Brazil, by RAYES, FAGUNDES&OLIVEIRA RAMOS.
9. BRAZILIAN LEGAL GUIDE, Bruno Almeida Goncalves Cin-

tia Han Marcelo Oliveira Mello, Mello Martins.

10. Regulatory and Business Guide (Brazil), Mello Martins.

11. Business in Brazil: Legal Guide New 2008 Edion, NO-RONHA-ADVOGADOS.

12. Prospectus of Petrobras.

13. 商务部编：《国别贸易投资环境报告》（2012年）。

14. 商务部投资促进事务局编：《中国对外投资促进国别/地区系列报告》——《投资巴西》（2011年）。

15. 商务部编《对外投资合作国别（地区）指南》——《巴西》（2011年版）。

16. 胡文强、秦俊茹：《巴西劳工法现状及对策建议》，载《经济师》2010年第2期。

17. 王然著：《美国与巴西经济发展比较研究》，经济科学出版社2008年版。

18. 中国国家统计局编著：《"金砖四国"联合统计手册：巴西、俄罗斯、印度、中国》，中国统计出版社2010年版。

19. 徐国栋、齐云著：《巴西新民法典》，中国法制出版社2009年版。

20. 郭建安、郭怡著：《巴西环境犯罪法》，中国环境科学出版社2009年版。

后　　记

　　党的十八大提出，要"加快走出去步伐，增强企业国际化经营能力，培育一批世界水平的跨国公司"。近年来，我国企业在开拓海外市场的过程中，不断掌握东道国法律法规，逐步适应当地法律环境，积累形成了很多防范法律风险的经验做法，值得认真总结。为此，我们组织部分在海外业务中具有丰富经验的企业法律顾问，深入开展有关国别法律环境的研究工作，编写出版了本系列丛书，以期为我国企业"走出去"法律风险防范提供切实的指引和帮助。

　　丛书的编辑出版得到了国务院国资委领导的高度重视，黄淑和副主任在丛书编辑过程中多次作出重要批示，并亲自担任编委会主任。中国石油天然气集团公司、中国石油化工集团公司、中国海洋石油总公司、中国电信集团公司、宝钢集团有限公司、武汉钢铁（集团）公司、中国东方航空集团公司、中国五矿集团公司、中国建筑工程总公司、招商局集团有限公司等中央企业法律部门承担了丛书有关分册的编写工作；同时，顾海涛、李标、罗彧、李媛、朱光耀、张拉柱、吴青、吴茵、蔡开明、邓永泉、鲍治、柳宇华等同志参与了本书的审校工作，对于各位同仁的大力支持和帮助，表示深切的感谢。

　　由于丛书篇幅有限，加之企业"走出去"面临的境外法律环境复杂多变，本丛书提供的信息仅供读者参考。企业开展境外业务涉及相关法律事务时，仍需依靠本企业法律顾问或者借助专业机构提供专业的咨询意见。限于编者水平，书中纰漏不足之处，敬请读者批评指正。

《企业境外法律风险防范国别指引》
系列丛书编委会
2013年7月1日

附 录

附录一：

巴西主要法律法规

1. 《巴西联邦宪法》
2. 《巴西民法典》
3. 《通用招投标法》
4. 《巴西国家石油公司投标法》
5. 《巴西租赁法》
6. 《巴西破产法》
7. 《巴西股份公司法》
8. 《巴西洗钱刑事犯罪法》
9. 《巴西刑法典》
10. 《巴西刑事诉讼程序法》
11. 《巴西外国人法》
12. 《巴西选举法》
13. 《巴西环境保护区法》
14. 《巴西环保犯罪法》
15. 《巴西国家环保政策法》
16. 《巴西国家财政金融法》
17. 《巴西外国投资法》
18. 《巴西反垄断法》
19. 《巴西国家保险法》
20. 《巴西知识产权法》
21. 《巴西劳动法典》
22. 《巴西律师法》

23.《巴西矿业法》

24.《巴西公证员法》

25.《巴西国家石油署规章》

26.《巴西天然气法》

27.《巴西国家石油资源法》

28.《巴西盐下油田法》

29.《巴西公司所得税法》

30.《巴西增值税法》

31.《巴西税收法典》

32.《巴西服务税法》

33.《巴西税收执法诉讼法》

34.《民事诉讼法典》

35.《仲裁法》

附录二：

巴西主要政府部门和我驻巴西使领馆

1. 政府部门

（1）Central Bank of Brazil（BACEN）

地址：SBS – Ed. Sede, Quadra 03, Blocl B, 08670 70074 – 900 – Brasilia, DF

电话：(61) – 414 – 2401/2406

网站：www. bcb. gov. br.

（2）Federal Tax Department

地址：Esplanada dos Ministerios, Bloco P – Ed. Anexo – Ala B 70 andar, sala733, 70048 – 900 – Brasilia, DF

电话：(61) – 412 – 2706

网站：www. receita. fazenda. gov. br.

（3）Justice Department

地址：Esplanada dos Ministerios, Bloco T, Ed. Sede, 70064 – 900 – Brasilia, DF

电话：(61) – 429 – 3000

网站：www. mj. gov. br.

（4）Ministry of Economy

地址：Esplanada dos Ministerios, Bloco T, Ed. Sede 70048 – 900 – Brasilia, DF

电话：(61) – 412 – 3000/2000

网站：www. fazenda. gov. br

(5) Ministry of Foreign Affairs

地址：Esplanada dos Ministerios, Bloco H, Palacio do Itamaraty 70170 - 900 - Brasilia, DF

电话：(61) -411 -6161

网站：www. mre. gov. br

(6) Ministry of Labor

地址：Esplanada dos Ministerios, Bloco F, 70059 - 900 - Brasilia, DF

电话：(61) -317 -6000

网站：www. mtb. gov. br

(7) Ministry of Social Security

地址：Esplanada dos Ministerios, Bloco DF 70059 - 900 - Brasilia, DF

电话：(61) -317 -5000

网站：www. mpas. gov. br

(8) National Bank for Economic and Social Development (BNDES)

地址：Av. Republic do Chile, 100 - Centro 20031 - 917 - rio de Janeiro, RJ

电话：(21) 2277 -7447/3088 -7447

网站：www. bndes. org. br

(9) National Institute of Industrial Property (INPI)

地址：Praca Maua, 7 - Centro 20081 -240 - Rio de Janeiro, RJ

电话：(21) 2206 -3000

网站：www. inpi. org. br

(10) Security Commission (CVM)

地址：Rua Sete de Seternbro, 111

2o, 3o, 5o, 6o (parte), 23o, 25o, ao 34o adares

20159 -900 - Centro - Rio de Janeiro, RJ

电话：(21) 3233-8686

网站：www.cvm.gov.br

(11) Ministry of Health

地址：Esplanada dos Ministerios, Bloco G, Ed. Sede 70058-900-Brasilia, DF

电话：(61)-315-2425

网站：www.min-saude.pt

2. 我驻巴西使领馆

(1) 我国驻巴西联邦共和国大使馆

地址：Embaixada da República Popular da China

SES. Av. das Nações. Lote 51. Quadra 813. Brasília. DF. Brasil, 70443-900

电话：0055-61-21958200

传真：0055-61-33463299

网站：www.embchina.org.br

(2) 我国驻圣保罗总领事馆

地址：Rua Estados Unidos, No. 1071, Jardim América, São Paulo, S. P, Brasil, 01427-001

电话：0055-11-30829877

传真：0055-11-30624396

网站：http://saopaulo.china-consulate.org

(3) 我国驻里约热内卢总领事馆

地址：Rua Muniz Barreto, No. 715, Botafogo, Rio de Janeiro, R. J, 22251-090

电话：0055-21-25514578

传真：0055-21-25515736

网站：www.riodejaneiro.china-consulate.org

附录三：

所在国部分中介服务机构

1. 部分律师事务所

（1）MACHADO, MEYER, SENDACZ E OPICE

地址：RUA LAURO MÜLLER, 116 – 17º ANDAR

BOTAFOGO RIO DE JANEIRO – RJ

邮编：22290 – 160

电话：(55) 21 3572 – 3000

（2）PINHEIRO GUIMARÃES ADVOGADOS

地址：AV. RIO BRANCO, 181 – 27º ANDAR

CENTRO RIO DE JANEIRO – RJ

邮编：20040 – 918

电话：(55) 21 4501 – 5000

（3）PINHEIRO NETO ADVOGADOS

地址：RUA HUMAITÁ, 275 – 16º ANDAR

HUMAITÁ RIO DE JANEIRO – RJ

邮编：22261 – 005

电话：(55) 21 3247 – 8400

（4）FELSBERG, PEDRETTI E MANNRICH ADVOGADOS

地址：AV. ALMIRANTE BARROSO, 52

CENTRO RIO DE JANEIRO – RJ

邮编：20031 – 918

电话：(55) 21 2215 – 6423

(5) RENATO MANGE ADVOGADOS ASSOCIADOS
地址：RUA MARIA PAULA，123 – 10º ANDAR
CENTRO SÃO PAULO – SP
邮编：01319 – 001
电话：(55) 11 3106 – 2062

(6) ADVOCACIA JOSÉ DEL CHIARO
地址：AV. BRIGADEIRO FARIA LIMA，2012
PINHEIROS SÃO PAULO – SP
邮编：01451 – 001
电话：(55) 21 3030 – 9000

(7) BARBOSA，MÜSSNICH & ARAGÃO
地址：AV. ALMIRANTE BARROSO，52 – 31º ANDAR
CENTRO RIO DE JANEIRO – RJ
邮编：20031 – 000
电话：(55) 21 3824 – 5800

(8) SERGIO BERMUDES ADVOGADOS
地址：PRAÇA XV DE NOVEMBRO，20 – 71º e 81º
CENTRO RIO DE JANEIRO – RJ
邮编：20010 – 010
电话：(55) 21 3221 – 9000

(9) WALD & ASSOCIADOS ADVOGADOS
地址：AV. RIO BRANCO 108 – 8º ANDAR
CENTRO RIO DE JANEIRO – RJ
邮编：20040 – 001
电话：(55) 21 2272 – 9300

(10) LOBO & IBEAS ADVOGADOS
地址：AV. RIO BRANCO，125
CENTRO RIO DE JANEIRO – RJ
邮编：20040 – 001

电话：(55) 21 3478 - 6300

(11) VEIRANO ADVOGADOS

地址：AV. PRESIDENTE WILSON，231

CENTRO RIO DE JANEIRO - RJ

邮编：20030 - 021

电话：(55) 21 3824 - 4747

(12) MALLET ADVOGADOS ASSOCIADOS

地址：RUA ITACEMA 128 - 3º ANDAR

IATIM BIBI SÃO PAULO - SP

邮编：04530 - 050

电话：(55) 21 3165 - 6465

2. 部分会计师事务所

(1) KPMG

地址：AV. ALMIRANTE BARROSO，52 - 4º ANDAR

CENTRO RIO DE JANEIRO - RJ

邮编：20031 - 000

电话：(55) 21 2131 - 5800

(2) PWC

地址：RUA DA CANDELÁRIA，65 - 11º，13º，15º e 16º ANDARES

CENTRO RIO DE JANEIRO - RJ

邮编：20091 - 020

电话：(55) 21 3232 - 6112

(3) ERNST & YOUNG

地址：PRAIA DE BOTAFOGO，370 - 5º ao 8º ANDAR

BOTAFOGO RIO DE JANEIRO - RJ

邮编：22250 - 040

电话：(55) 21 3263 - 7000

(4) DELOITTE

地址：AV. PRESIDENTE WILSON, 231 CENTRO RIO DE JANEIRO – RJ

邮编：20030 – 021

电话：(55) 21 3981 – 0500